平安京と中世仏教

王朝権力と都市民衆

上川通夫

吉川弘文館

目　次

Ⅱ　仏教都市平安京

Ⅲ　新しい仏教の時代

中世仏教からみる平安京　プロローグ

平安京を語る二書

平安京の姿を印象的に述べた二つの作品が知られている。十世紀後半の平安京を活写している慶《よし》滋《しげの》保胤《やすたね》の『池亭記《ちていき》』と、十二世紀後半のそれを描く鴨長明《かものちようめい》の『方丈記《ほうじようき》』である。ともに下級貴族であった二人が残したそれぞれの短い叙述を並べて読むと、かつて平安を願って建設した都が、実は多事多難の中で変転したことがわかる。著者の二人は、人生の後半に仏教信仰を深め、ともに出家している。

『池亭記』は、都市化する平安京の動態が、人的な軋轢《あつれき》や多様な災害に触れて述べられる。著者は新築の邸宅での生活に充足をみいだしているが、後の時代から振り返って読むと、平安京がはらむ過酷な問題を予兆しているかのようでもある。一方、その二〇〇年後の様子を描く『方丈記』は、歴史的に蓄積された問題が噴出したかのごとく、立て続けに各種の災害をこうむった平安京住民の、死に瀕したうめき声を率直に記している。

本書では、この二〇〇年間に、平安京がたどった歴史を、仏教史を軸として叙述しようと思う。平安時代後期から鎌倉時代初期、十世紀なかばから十二世紀末までである。この時代にこそ、平安京は仏教都市化していく。列島の中世社会は、仏教を組み込んで形成されていくが、平安京は仏教史のいわば最先端である。しかしそこでは、普遍的な救済が身分を超えて実現していくのではなく、逆に、住民を塗炭《とたん》の苦しみにさえおとしいれた。

この二〇〇年間に、仏教はどのように信仰されていったのか。なぜ仏教の拡大がそのまま救済の深化に結びつかなかったのか。住民自らが獲得した救いの思想はあるのか。また、この時代の平安京史が、今日的視点で中世史を考える際に、どのような問題を提起するのか。そのようなことを考えてみたい。

仏教史から平安京をみる

平安京について、「古典文化を保存した伝統の拠点」といった漠然とした通念は根強い。しかし主に敗戦後の歴史学では、そのことについて意識的に再考する研究がある。

「市民」形成の前史を室町時代の京都「町衆」に見出し、近世初期の文化復興の範は院政期京都だと指摘したのは、一九五〇、六〇年代の民族的自覚願望をよくあらわしている(1)。そこには高度経済成長期における文化破壊という危機意識も加わり、いっそう総合的な京都史の叙述が、多くの執筆者による独創的な見解を含めて示された(2)。中世史に関しては、荘園・農村の研究が目立つ中で、都市平安京の研究が活発だったといえないかもしれないが、貴族政治の舞台として京都研究が進んだほか、とりわけ考古学による発掘調査が蓄積された。古代学協会・古代学研究所編『平安京提要』（一九九四年、角川書店）、同『平安時代史事典』（一九九四年、角川書店）はその結実として興味がつきない(3)。ただ、この研究傾向が、京都市による「建都一二〇〇年記念事業」と結びついた際、学術水準は維持されているものの(4)、「伝統と創生」というテーマが真に住民の意思に根ざすのか、遺跡保存や景観問題よりイベント性が優先されていないかなど、問題点も認識された。

一方、中世の都市論としての平安京研究は、貴族などの権門《けんもん》が領主として集住する都市たることを課題提示的に示す新研究が、「王朝都市論」を代表として、一九七〇年代に登場した。中世都市平安京の成立が問題にされ、王権や権門による支配の構造、住民構成や分業流通の仕組み、町屋や街路・街区の特徴、被差別身分や浄穢《じょうえ》観念の史的形成など、掘り下げた研究が数々登場した(5)。この流れからは、町衆論の系譜への批判をも含みながら、中世平安京が抱え込んだ独特の都市問題をリアルに描く新研究が生み出された。よごれの京都、糞尿まみれの京都、水害・疫害都市京都(6)、病者・孤児・六畜《ろくちく》・群盗(7)、死骸都市平安京、中世京都死体遺棄年表など(8)である。

平安京をめぐる仏教については、通説の再構成が劇的に進んだ。建都時代に天台宗と真言宗が率先して古代仏教を立て直し、摂関政治時代の浄土教や末法思想《まつぽうしそう》が浸透して院政期にその退廃が進むという旧説の克服が、町衆論とは異なる民族論から提唱された。中世仏教は、権門領主層による全人民への支配機構の形成とともに（権門体制）、自立百姓への反動再編に際して共有されることとなった鎮魂呪術的密教《みつきょう》である（顕密《けんみつ》体制）、という考えである。(9) その拠点こそ平安京であって、やはり王朝都市論との接点がある。主に院政期を対象として、権門としての中世寺院の機構や、国家儀礼としての中世仏事などが、復元的に研究された。

本書では、日本中世仏教成立史の観点に立脚して平安京を捉えてみたい。その際に、私見には二つの点で、今日の通説との違いがある。一つは、十世紀なかばから十二世紀末までの平安京の動態を、東アジアないしアジアの歴史と不可分のものと捉え、仏教史こそその媒体だとみなすことである。もう一つは、日本列島の仏教史は、古代には真の意味での民衆仏教は存在しておらず、中世にこそ民衆仏教は出発したとみなすことである。

中世仏教は、十一世紀後半から十二世紀初めごろに、顕教《けんきょう》と密教を一対で統制する国家宗教として成立している。それは、仏教を全社会的に不可分の要素に組み込んで秩序編成する、はじめての事態であった。ただそれは、民衆自身が、生活にそくした価値意識と意思によって獲得した仏教とは違う。そのような仏教が成立するのは、十二世紀なかばにいたってである。(10)

しかしすぐに、列島史上で最初の、全人民的規模での内乱に突入する。この歴史的な経験がもつ意味は、さまざまな角度から論じられている。(11) ここでは、「平安京と中世仏教」にそくして考えてみたい。

平安京の脱皮と試練

摂関政治時代から院政時代にかけて、平安京は古代都市から中世都市に脱皮することになる。京《みやこ》は本来、天皇の居所を中心とする特別行政区域のことであり、平安京と天皇の一体性は、新たな意味づけのもとに維持される。また平安京は、藤原道長《ふじわらのみちなが》や白河《しらかわ》上皇らに代表される政治史の表舞台であり、荘園や国衙《こくが》領の上級領主が集住する首都であって、列島諸地域との人的・物的な諸活動の結節点であった。九世紀ごろの人口は、すでに一二万人前後と推定される、列島内で最大の集住地である(12)。平安京しかも、日本社会に仏教を構造的に組み込んでいく歴史過程の中心推進地が平安京であった。平安京に仏教文化が濃厚だったというのは、ごく一般的な常識であろう。ただそれは古代以来の伝統だとみられやすい。ところが実はそれは、中世成立史においてこそ形成された、いわば特異な姿ではないかと考えるのである。

十世紀なかばごろの平安京は、地方支配を独自に展開しようとする主要な官庁や貴族らが一層緊密に集住する都市として、景観ともども生まれ変わりつつあった(13)。京域全体のまんべんない発展ではなく、その東北部あたりが一番の集住域で、貴賤の混住もみられた。貴族の高級住宅たる寝殿《しんでん》と、商手工業者の集合住宅というべき長屋型の町屋とは、都市固有の家として成立してくる(14)。都市の貴族らと、都市の住民らは、あるいは官衙や家政の組織において上下関係で個別に結びつき、あるいは中央支配集団と都市民衆として対立的関係に立って生活した。

御斎会に集まる貴族と僧侶（『年中行事絵巻』個人蔵）

祇園御霊会と庶民の町屋（『年中行事絵巻』個人蔵）

その後十二世紀までには、都市の上級領主らは、各地の地縁村落を基礎とする荘園・公領の支配と、天皇を軸とする国家機構への結集とを軌道に乗せた。その体制の確立は、時期を隔てずして各地の自立的勢力との対立をはらんだ。開発による生産活動の活発化を背景とする、新しい家や村の形成だけがその理由ではない。天皇一族の御願寺《ごがんじ》群の造営など、平安京の大改造を支える荘園公領制の過重負担は、事態の本質であった。仏教の移植政策の背景には、諸外国の興亡やそこでの仏教盛衰という、国際状況への認識がある。為政者の信仰心一般ではなく、まして都市や地方の民衆的願望などではない。しかも、十一世紀後半は気候温暖化のピーク、つまり豊作期にあたり、そこで設定された定量の年貢などは、十二世紀代に進行した寒冷化に伴う飢饉の深刻化で、支え難くなっていったという。(15)

これらの条件と関係して、十二世紀後半に勃発した列島規模の内乱は、武家政権を関東に生み出すという不測の画期になったが、政治・軍事の攻防は平安京を核として展開した。非日常の戦争や飢饉によって、一大消費地たる平安京の住民は、塗炭の苦しみを味わう。十世紀後半から、特に十二世紀はじめ以来、寺院群の建造など救済宗教の拠点であるかのごとく改造された平安京では、この歴史的経験から何が学ばれたであろうか。

I

東アジア世界と平安仏教

第一章　王朝都市の仏教とその救済力

『池亭記』と『方丈記』

慶滋保胤《よししげのやすたね》（？—一〇〇二、もと賀茂保胤）は天元五年（九八二）に『池亭記《ちていき》』[1]を著した。変動する平安京についての、下級貴族の観察ともいうべき、短い文である。鴨長明《かものちょうめい》は建暦二年（一二一二）に『方丈記《ほうじょうき》』[2]を著した。平安末期の京都回顧になかばを費やした、長くはない随筆である。

同族系譜にある下級貴族で、人生のなかばに出家し、洛中《らくちゅう》の「小宅」と京郊の「仮の庵」という新生活を期に、永続ならぬ変動への思弁を平安京の具体相を通じて述べており、今日、対比して読むことができる。それぞれの個性的な思いは、新しい平安京への胎動を感じていた者と、中世平安京の体制矛盾を骨身にしみて感じた者との、くっきりした違いをみせている。

本章では、『池亭記』と『方丈記』を一対の著作として捉えてみたい。文学作品として、また歴史史料として、両者はよく対比されている。本書での関心は限定されたものだが、平安京と中世仏教を考える上で、まずは歴史の起点と結末を知っておきたいと思う。特にここでは、二人の著述を参考にしつつ、平安京における仏教が、どれほど救済宗教としての実質をもっていたのか、都市問題の一つとしての葬送・死体処理の問題に焦点を絞って探ってみたい。

平安京と池亭

慶滋保胤は、左京の六条通りより北側に、具平親王《ともひらしんのう》から安く譲られた四分の一町の土地に「小宅」を建て、それを機に『池亭記』を書いた。五〇歳に近く、内記《ないき》の職にあり、六位か七位の下級貴族であった。保胤は、冒頭で、「われ二十余年このかた東西二京（左京と右京）」をみてきたといい、文中では「応和（九六一―九六四）よりこのかた」の様子を述べていて、三〇歳ごろからの知見に確かな自覚があるらしい。文章道《もんじょうどう》で磨いた巧みな表現よりも、内容の具体相にこそ引きつけられるのは、目撃と実感に裏づけられているからであろう。

右京には、貧者は別として、活動的な者は外に移住し、源 高明《みなもとのたかあきら》邸がそうであったように、一度すたれた家屋は再建されず、「幽墟」といいたいほどの景観になったという。一方の左京は、四条より北側の、さらに北西と北東のあたりが、人々の群れ集まる地域となった。その場合、「貴賤」の「群聚」、「高家」と「小屋」の隣接、「富者」と「貧者」の混住、といった新しい事態が指摘される。実際には、上下の諸身分が雑然と集住したのではなかろう。朝廷の諸官衙《かんが》や院宮王臣家といった諸貴族、それらの行政・家政を幹部として支える侍たち、さらに役夫たる従属民らが、貴賤・貧富の伴う身分序列を鮮明にしつつあった。しかも、「応和よりこのかた、世人好みて豊屋峻宇《ほうおくしゅんう》（大邸宅）を起て」、「その費は巨千万」だというのは、やはり主に貴族の邸宅を指しているのだろう。ますます門戸の広い豪壮な「第宅《ていたく》」が造られて、「小屋」は併合されて「小人」は多く不満を漏らしているという。先行研究はここに、一種の建築ブームがあったことと、居住形態の変動による住民間の軋轢《あつれき》が生じていたことを読み取っている。(3)

同時に、保胤は、日常的な軋轢のほかに、平安京に固有の人災と天災にも言及している。火災の拡大や賊難の巻き添えの危険については、家屋密集地の人災として述べられている。一方、「東河（鴨川）の畔《ほとり》」に住めば水害が予測され、京域の北辺に接する「北野」であれば「苦旱《こかん》（日照り）」で「渇乏《かつぼう》」すると憂《うれ》う。鴨川畔と北野とは、京域の東と北に接する洛外《らくがい》だが、生活の場を求めて増加した「小人」の家屋だけでなく、住人が田畠を営んで水路を引くことが、川の決壊を招くというのである。平安京をめぐる住人構成と居住地の変化が、被害を増幅させたと考えられている。

保胤は、「比年（毎年）水あり」と述べ、また近年は防鴨河使《ぼうかもがわし》による治水管理は放棄されていると指摘している。放火・群盗・疫病とともに、水害の深刻化がさしせまっていたのであろう。『池亭記』執筆までの約二〇年間の範囲で、平安京の水害記録には目立ったものがある。大雨の記事は多く、とくに京内の浸水記事を拾ってみよう。応和二年（九六二）五月二十九日、鴨川の堤が決壊して洪水があふれ、京路不通になった。康保三年（九六六）閏八月十九日、検非違使《けびいし》の巡検によると、洪水で桂川から五条・六条あたりが海のようで、家屋や物資は流れ去ったという。九月九日に朝廷は、京中と畿内の洪水被災者を救うための衣食支給を実施し、特に甚大な被害にあった者には当年の税を免除した。同五年五月二十六日、河川の水があふれて道路が不通になった。天元三年（九八〇）七月十五日、大雨による洪水で東西京中は大河のようになった（以上『日本紀略』）。

しかし保胤は、平安京の外に家を求めるような思いは、微塵《みじん》もあらわさない。災害に弱いにもかかわらず人気の高い左京の四条以北ではなく、左京の六条あたりに、自邸を新築した。一辺約六〇メートル、上級貴族の邸宅敷地の四分の一とはいえ、身分相応の新邸に充足の気分を示している。門を構え垣を四方にめぐらせた中には、主屋、他の屋舎、書庫、築山、島・橋・船を配した池、菜園と芹田などがあるという。

　注目したいのは、生活の場に仏教を取り込んでいることであ

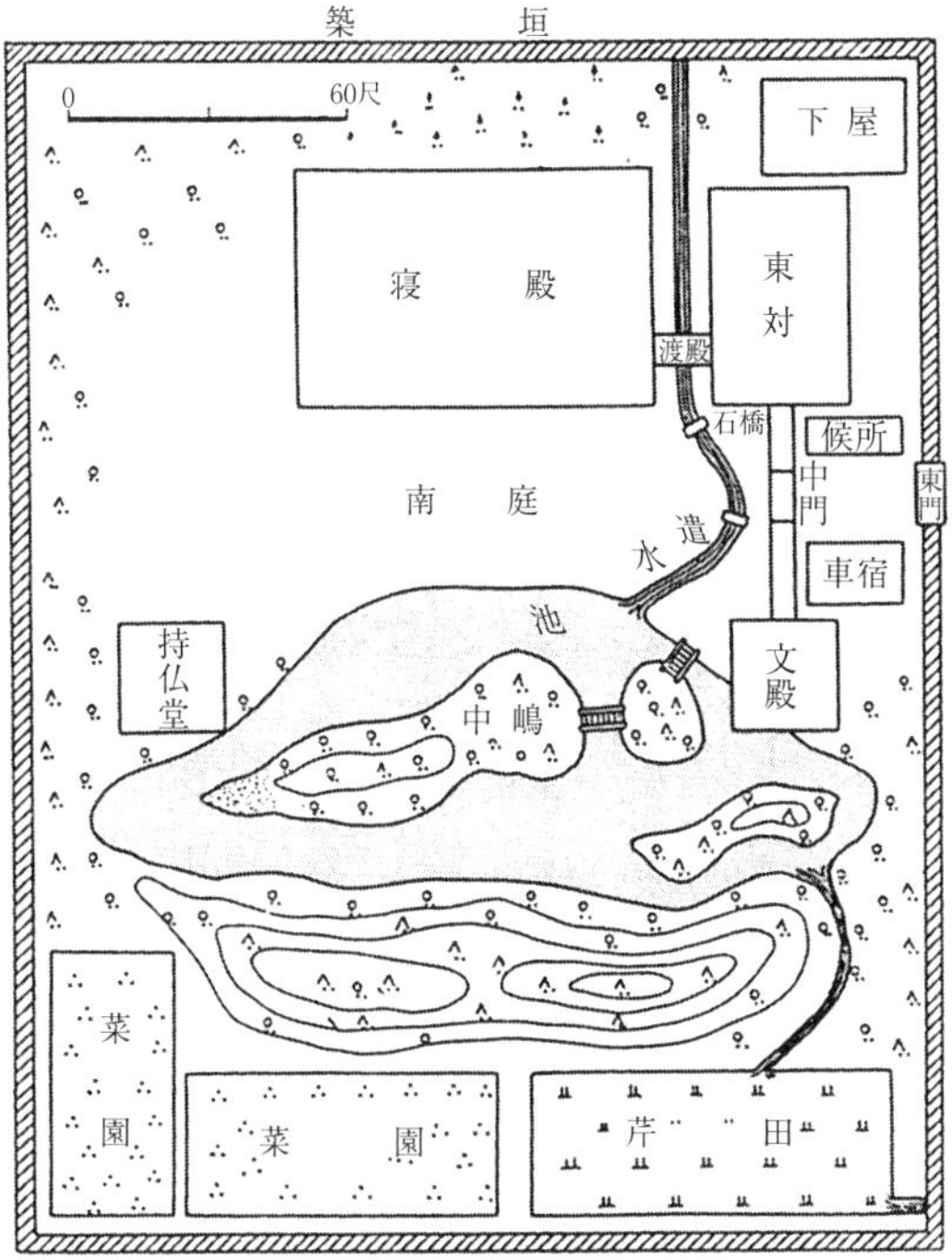

「池亭」復元図（『平安京提要』より）

る。「池の西に小堂を置きて弥陀《みだ》を安ず」とあって、寝殿《しんでん》造りの邸宅の一角に、仏堂（阿弥陀堂）が付属している。朝廷への出仕とは別に、家では「心永く仏那《ぶつだ》（陀）」に帰依《きえ》するという。朝には「西堂」で「弥陀を念じ法華《ほっけ》を読む」のだと、日課としての信仰を特筆している。

次章で述べるように、寺院建設が抑制された平安京内で、貴族の邸宅内部に仏堂が設けられるようになる。慶滋保胤の邸宅・池亭は、そのごく初期の例である。ここで注意したいのは、閉じられた邸宅内での私的信仰生活と、平安京で生じている社会問題とが、まったく関連づけられていないことである。保胤の信仰心は、阿弥陀堂の設置自体にも明らかだが、康保元年（九六四）から始めた勧学会《かんがくえ》なる詩会での念仏信仰、寛和元年（九八五）に書き上げた『日本往生極楽記《にほんおうじょうごくらくき》』、翌年の出家と比叡山《ひえいざん》横川《よかわ》での二十五三昧会《にじゅうござんまいえ》への参加など、天台宗から出た浄土教を率先して推進した人物として、よく知られている。自らの極楽往生を願う信仰は時代の新傾向だが、『池亭記』には朝廷での職務を貴いと述べ、邸内での読書や詩文の吟詠《ぎんえい》、菜園の手入れなどを愛すると力説しているから、現世を否定しているわけではない。しかし少なくとも『池亭記』を読む限り、平安京の社会問題を意識しているにもかかわらず、新造した仏堂での信仰実践に、都市問題に対峙するといった姿勢はない。

保胤の浄土信仰と空也

とはいえ、慶滋保胤はむしろ仏教思想をよく身につけた知識人貴族である。『日本往生極楽記』を書いて、浄土信仰を率先垂範《そっせんすいはん》した一人である。それは、後に往生伝と呼ばれる浄土信仰者略伝集の最初だが、先行する唐の『浄土論』や『往生西方浄土瑞応伝』の形式を踏襲し、日本の主に同時代人（四二話・四七人）を登場させて、極楽往生の身近な実際例に仕立てたものである。しかもその執筆契機は、北宋による大陸東部の諸国統一と、宋への僧侶派遣を日本朝廷が認可したことであるらしい。東大寺僧奝然《ちょうねん》の渡航（九八三年）によって、北宋の華厳《けごん》や密教《みっきょう》の趨勢《すうせい》が日本におよぶという可能性について、敏感に思いめぐらせた少数者の中に、保胤もいたのである。比叡山僧の源信《げんしん》こそその代表で、天台宗浄土教を日本社会に結びつけるために、保胤らと実践活動に打って出た。源信は教学を整理して『往生要集』（九八五年）を著し、慶滋保胤は『日本往生極楽記』を書いたのである。後に源信は、両書を含む日本人の浄土教著作を宋南部の天台勢力に送るが、国内でも意義を主張したらしく、藤原道長《ふじわらのみちなが》も手元に置いている。[4]

『日本往生極楽記』には、「空也《くうや》伝」がある。それは、源信らの同調者と考えられる源為憲《ためのり》が書いた『空也誄《るい》』（九七二年以後）[5]を、ほぼそっくり取り入れている。より詳細なのは『空也誄』であり、ここから浄土教推進グループの考えの特徴を読みとることができる。後に市《いち》の聖《ひじり》と呼ばれる空也を、京都で民間に浄土教を説いた先人として仰ぐ内容である。今日、歴史史料として読むと、神泉苑《しんせんえん》の老狐や西光寺門前の蛇を救う話など、奇瑞《きずい》に満ちた非現実的な理想像が目立つ。源信らの浄土教展開計画の一部として、すでに民間社会から支持を得た実践者がいたことを強調し、自らの新計画をその流れで正当化している節がある。[6]しかしそのことを踏まえると、保胤にとって平安京における仏教実践の

鴨川　松原橋から南方の五条を望む

理想がいかなる内容か、読み取ることが可能である。たとえば空也は、入京（九三五年）より以前の諸国修行中に、「曠野古原に委骸（遺骸）あるごとにこれを一処に堆《うずたか》くし、油を灌《そそ》いで焼き、阿弥陀仏の名を唱」えたという。荒野にうち捨てられたたくさんの死体を集めて火葬し、念仏で追善作法を施したという。この記述は、仏式の火葬が列島社会には一般的でなかったことを前提とした、空也への賞賛である。

入京してからのこととしては、応和三年（九六三）に、金を用いて書写された『大般若経《だいはんにゃきょう》』六〇〇巻を鴨川原に運び、念仏と伎楽《ぎがく》を加えて供養したことが特筆されている。身分を超えた行事だというが、村上天皇一族や官人貴族への功徳《くどく》であるとも述べられ、実際にも同時に清涼殿《せいりょうでん》で『法華経』供養が行なわれていて[7]、連動した行事だったことは疑いない。しかも、空也の名による大般若経供養願文があり（『本朝文粋《ほんちょうもんずい》』巻第一三「為空也上人供養金字大般若経願文」）、経典の供養は堂（西光寺、後の六波羅蜜寺《ろくはらみつじ》）の建立とも一体であったことがわかる。願文には、救いの対象は「荒原古今の骨、東岱先後の魂」だという。鴨川原の遺骸や東山の亡魂ということであろう。つまり、四条・五条あたりの東方洛外にある鴨川原は、東岸の新設寺院を介して鳥部野《とりべの》とも結びつけられている。

おそらく空也による供養儀式は、平安京東部の葬送ゾーンが明確になるに際して、仏式の供養をもち込む発端であった。それは自然発生の信仰形式でないのはもちろん、庶民信仰に発した形跡もない。右に述べた諸事情から思えば、朝廷の関与なしには考えられない行事である。もし平安京住民の死体がこの地に集められて荼毘《だび》に付されるならば、墓地や衛生をめぐる都市問題への効果的な対処になるかもしれない。ただしその実現はまだずっと先のことである。

空也による供養会は、『池亭記』が著される二〇年前のことである。保胤が実見してきた世相の一部であるはずで、『日本往生極楽記』に「空也伝」を入れるに際しても、実景が目に浮かんだかもしれない。しかも『大般若経』を供養した鴨川原や西光寺は、保胤の池亭から東に歩いてすぐのところである。しかし、彼の叙述によるかぎり、京内の垣で囲われた邸宅内での信仰生活とは、異質の空間であるかのごとくである。

保胤の時代の仏式葬送

この時代、庶民の仏式葬送はほとんどみられなかったと思われる。貴族社会では、延喜二年（九〇二）の醍醐《だいご》天皇の仏式葬送は『西宮記《さいきゅうき》』に詳しく、また空也は藤原忠平《ただひら》の子師氏《もろうじ》の東山での荼毘に関係したといい（『空也誄』）、ほかに僧侶に光明真言《こうみようしんごん》・尊勝陀羅尼《そんしようだらに》・念仏を唱えさせる作法も広がっている。(8)『日本往生極楽記』では、自分自身で日常的に、また特に臨終時に念仏することが、阿弥陀如来の救済につながる作法として勧められている。それは、慶滋保胤や源信ら、後に比叡山横川を拠点とする浄土教推進集団・二十五三昧会が定式化する独特の作法である。しかし臨終の念仏を勧める保胤でさえ、『日本往生極楽記』では庶民の往生者を一人として登場させていない。貴顕の往生について、阿弥陀の来迎《らいごう》を意味するという妙音・異香・光明などを感知した脇役として配置されるに過ぎない。実際に、都鄙《とひ》の庶民は、仏式葬送の様を見知らないのである。『楞厳院《りようごんいん》廿五三昧結縁過去帳』(9)には、寛弘三年（一〇〇六）に死去した明普阿闍梨《みようふあじやり》の葬送にまつわることとして、次のように記されている。

葬送の煙、まっすぐに引きて西に往くこと、白布を曝《さら》すがごとし。近き里の下人、遙かに見てこれを恠《あや》しむ。いまだ何の由たるか知らず。後に聞いて、これ彼の葬送の煙なることを知るなり。

庶民は、西方の浄土についてのことだけでなく、仏式の火葬についても思いおよばない。仏教色の濃い平安京あたりの住民ならば、仏式葬送は普及しているであろうか。寛和元年（九八五）九月二十六日、伊勢斎王《さいおう》が禊《みそぎ》のために鴨川に向かった。ところが祓所《はらえしよ》の前方の野（川原か）に火が上がっていたので、人をやって様子をみたところ、「葬送の火」であったので、一行（「諸人」）はこれを「怪し」んだという（『日本紀略』）。斎王が避けたのは仏教であったかのような紛らわしい記述だが、ここでは遺体が祓所に集められていたことに顰蹙《ひんしゆく》したのであろう。朝廷の指示によって、鴨川畔で遺骸を一括焼却する事例は九世紀からあり、大寺僧を呼んで読経《どきよう》させることもあった。しかし国家が頻繁かつ一般的に実施した民衆の「亡霊」供養だったのかどうか、疑わしい。(10)

喪葬令《そうそうりよう》では京内の埋葬は禁止され、後にも「京中に死人あるべからず」(『中右記』永長二年〈一〇九七〉三月六日条)という原則は生きていた。しかし、たとえば正暦五年(九九四)には、二月以降の疫病で大勢の者が死に、京中の路頭では、伏せられた死体の悪臭が鼻を掩《おお》わせるほどで、飽食したカラスや犬と骸骨になった人間とが残ったという。検非違使配下の看督長《かどのおさ》に命じて、堀水をあふれさせるほどの「京中の死人を掻き流した」というから、鴨川に流れ出ることを意図しているのである。「種々の祈禱」という朝廷の疫病対策は、「その応え無きに似たり」ということで、鎮魂・追善などは行なっていない(『本朝世紀《ほんちようせいき》』四月二十四日、五月三日、五月七日各条)。

平安京にとっての中世への胎動期は、仏教史にとっても新しい段階を迎える。ここで垣間みたのは、生死に関わる都市問題を抱え込んだ平安京と、救済宗教たる仏教の実際である。

鴨長明の場合

話題は二〇〇年飛ぶ。平安時代末期の事情を対比してみたい。十二世紀の平安京では、首都を襲う飢饉や疫病で短期に死者が大量発生し、その都市政策としての処理機能はきわめて不充分であった。先学によって「死骸都市」ともいうべき一面が指摘されている。蓮台野《れんだいの》や鳥部野の共同墓地は十二世紀後半に成立しているものの、庶民の葬地ともなるのはなお「数十年」を経た後だという。坂非人と呼ばれる被差別民が京中から死体を運搬するなど、葬送の仕組みが成立するのだが、「死骸都市」から放置死体が急激に減るのは、文献分析によって一二一〇年代だと観察されている。(11) 坂非人は最下級ながらも法師であり、鳥部野を拠点に清水寺に属していたし、「蓮台」は来迎する阿弥陀が往生者を乗せる救いの象徴である。つまりは仏式化されていくのである。では実際、すでに成立していたはずの中世仏教は、どのような形式と内容で平安京住民を救済したのだろうか。

よく知られた叙述であるが、まずは鴨長明の『方丈記』によって、養和元年（一一八一）から二年の飢饉の様子をみてみたい。鴨社の禰宜《ねぎ》として栄達する道を断たれ、出奔と出家（法名は蓮胤）の後、平安京の東南郊七、八キロメートルにある日野に構えた庵で、三〇年ほど前を回顧して書いた文章である。顧みた時代の幅は狭く、安元三年（一一七七）から元暦二年（一一八五）に集中している。安元三年の大火、治承四年（一一八〇）の辻風、同年の福原遷都、養和の飢饉、元暦二年の大地震という、平安京にとってのゆゆしい経験に思いが集中し、方丈生活を述べる後半につなげられている。

ここでの関心は、仏教との関わり深い飢饉の叙述である。二年間の「飢渇」によって、諸国の民は耕地のある平地を離れて山に入るなど、避難を強いられた。朝廷では、数々の祈りや特別の修法《しゅほう》を行なったけれども、まったくその効果はない。「京のならひ」はすべて「田舎をこそたのめる」、つまり

食を求める餓鬼（『餓鬼草紙』京都国立博物館所蔵）

消費都市として地方生産地に依存する構造なので、年貢などがこなくて大混乱におちいった。一年目には「乞食《こつじき》、路のほとりに多く、愁《うれ》へ悲しむ声、耳に満てり」という状況だったが、二年目には疫病も加わって、死者がたくさん出た。

　築地《ついじ》のつら、道のほとりに、飢ゑ死ぬるもののたぐひ、かずも不知《しらず》。取り捨つるわざも知らねば、くさき香《か》、世界にみち満ちて、変りゆくかたちありさま、目も当てられぬこと多かり。いはむや、河原などには、馬・車の行き交ふ道だになし。

物価の高騰だけでなく、古寺の仏像・仏具・建築部材をうばって売りさばく者もあって、「濁悪《じょくあく》の世」（末《まっ》法《ぽう》の時代）に生まれてしまったことがつくづく実感される。肉親同士が死に別れる光景はあちこちにみられたほか、次のような僧侶の行動があった。

　仁和寺《にんなじ》の隆暁法印《りゅうぎょうほういん》といふ人、かくしつゝ、数も知らず死ぬることを悲しみて、その首の見ゆるごとに、額《ひたい》に阿字《あじ》を書きて、縁を結ばしむるわざをなんせられける。人数《ひとかず》を知らむとて、四・五両月を数へたりければ、京のうち、一条よりは南、九条より北、京極よりは西、朱雀《すざく》よりは東の、路のほとりなる頭《かしら》、すべて四万二千三百余りなんありける。いはむや、その前後に死ぬるものおほく、また河原・白河・西の京、もろもろの辺地などを加へていいはば、際限もあるべからず。いかにいはむや、七道諸国をや。

平安京での飢饉状況を体験した者の証言であり、貴族の日記など一次史料で裏づけられることもあって、歴史史料としても重視されている。(12)とはいえ三〇年前の回顧であり、方丈での生活にまつわる思弁を、練られた構想と彫琢《ちょうたく》された文章で表現するという主目的を考えると、やはり検証は必要であろう。

究極の死骸都市

餓死者が京中にあふれていたことは確かである。内裏《だいり》を退出してきた吉田経房《よしだつねふさ》は、三条烏丸《からすま》を通って帰ろうとしたが、餓死者八人の「首」が置かれていると聞いて回避した。「近日、死骸ほとんど道路に満つというべきか」と嘆息したのは、左京のただ中の異常事態を知ったからである（『吉記』治承五年〈一一八一〉四月五日条。七月に改元して養和元年）。養和二年（一一八二）二月三日には、後白《ごしら》河《かわ》上皇御所の門内にさえ乞食法師の餓死体があったことを、右大臣藤原兼実《かねざね》が記している（『玉《ぎょく》葉《よう》』）。「嬰児《えいじ》道路に棄てられ、死骸街衢《がいく》に満つ」と伝えられる（『百練抄《ひゃくれんしょう》』養和二年正月条）。飢饉といっても支配身分が餓死する例を聞かないが、「諸院の蔵人《くろうど》と称する輩、多くもって餓死す」（同上）という記録を参考にすると、平安京住民の被支配身分上層が含まれるのはもちろん、侍身分の下級官人も生命の危機に曝されていたのであろう。

『養和二年記』（賀茂定平の日記か）は惨状を前にして分析的である。正月二十五日条には、天下飢饉で路頭に人々が「伏死」し強盗が毎夜出没すること、前年冬の「北国謀反」（源義仲《よしなか》）に対抗する軍事行動で「京中の貴賤上下」は衣食が不自由になったこと、「四夷」の蜂起で京都への「運上」が途絶えたことを述べる。飢饉による不作だけでなく、官兵に当てる臨時の兵糧米や、賊軍による年貢差し押さえ、さらには京内の治安悪化が、すべて関連するものだと理解されている。また二月二十六日条には、強盗・引剝・焼亡は毎夜のことだといい、清水寺の橋（五条橋か）の下では童が小童を食らうといった衝撃の伝聞も記されている。五条河原で死人を食べる者がいるという噂は、それを打ち消す伝聞とともども、別の史料にもある（『吉記』養和二年二月二十二日条）。

いずれにしても、少なくとも養和二年二月段階には、京中や河原などに餓死者の遺骸が目立っていた。『方丈記』の記述はその延長上にある。風評と現実の区別は難しいが、尋常でない惨状だと考えられた事実と、実際に現出した客観的な事実と、その両方を歴史的事実として捉える必要があろう。そのことを意識しながら、鴨長明の記述に戻ってみよう。

餓死者の供養とは

問題にしたいのは、この惨状に対して、仏教がどういう役割を果たしたかである。朝廷が神事と仏事で対処したのは確かだが、[13]長明の評価は「更にそのしるしなし」と、あっさりしている。日常的にも、平安京から死骸が減るのは一二一〇年代だとすれば、養和ごろに庶民の仏式葬送はほぼなかったものと考えられる。施餓鬼《せがき》といった死者供養と飢民救恤《きゅうじゅつ》は室町幕府の政策にまで時代が下る。[14]その点で際立つのは、長明が特筆した隆暁法印の行為である。隆暁は、『方丈記』の中で唯一名前の記された同時代人であり、そのことも関係ありそうである。

隆暁は、死体の額に阿字《あじ》を書いて仏縁を結ばせたという。梵字《ぼんじ》の「𑖀（阿）」なら、急げば一筆で書けたかもしれない。「阿」は、梵語の第一母音にして一切の事象の根源とされるが、具体的には大日如来《だいにちにょらい》を象徴する種子であって、「𑖀」と唱え「𑖀」を心に観ずることで即身成仏を果たすという、密教の根本理念を凝縮した端的かつ簡便な記号である。十二世紀に高野山《こうやさん》の覚鑁《かくばん》が理論化し、大日如来の「𑖀」を、その分身というべき阿弥陀如来の「阿」とも結びつけ、浄土教を取り込んだ真言密教の臨終作法として成立した。[15]密教僧や一部の貴族が、自らのために実践したのであろう。平安京外の北西郊外、葬地の一つとして発展する化野《あだしの》からは、中国華南地方で十二世紀後半ごろに作られた褐釉四耳《かつゆうしじ》壺《こ》の蔵骨器《ぞうこつき》（高さ約二〇センチ）とともに、銅製のフタ（直径約一〇センチ）が出土している（次頁の写真）。フタには、鍍金によって「𑖀」と書かれている。[16]阿字の効力が込められたのであろう。ただこの例は、遺物の質から判断して、高位者の葬送であろう。庶民の死体に阿字を施した追善作法は、隆暁以前に例はみえない。

ただし、不審な点はいくつかある。第一に、仁和寺という格式高い真言宗寺院の有力僧が、死穢《しえ》に触れることは、一般的には考えにくい。第二に、追善行為はいわば善行だろうが、この場合、まったく純粋な宗教行為なのか、または飢民救済や遺骸処理といった現実的対策と関係するのかどうか、記事が孤立していてわからない。第三に、左京で二ヵ月に四万二三〇〇人の餓死者が出たというのは、あまりに多すぎないか[17]。右京の人口は同数でないとしても、長明もいうように白河や河原なども含めるならば、全体として倍以上にはなりそうである。しかも餓死者はその後も続いたであろう。平安京の人口を概算で一〇万人と仮定すると、全滅ということになりはしないか。以上三点のことを考えると、鴨長明による文章力には、かえって注意が必要だと

「𑖀」字のある蔵骨器のフタ（京都市埋蔵文化財研究所所蔵）

思えてくる。

隆暁は、村上源氏に連なる源俊隆《としたか》の子で、堀河天皇の子である仁和寺寛暁大僧正《だいそうじよう》から、久寿元年（一一五四）に密教弟子となる灌頂《かんじよう》の儀礼を受けた。養和二年（一一八二）には五十一歳であった。法印になったのは建久五年（一一九四）で、同十年に大僧都《だいそうず》と東寺三長者となり、元久元年（一二〇四）に七十三歳で死去した（『血脈類集記《けちみやくるいじゆうき》』）(18)。この間、建久三年六月には、源頼朝の子貞暁《じようぎよう》が親幕府派の一条能保《いちじようよしやす》に付き添われて仁和寺に入り、隆暁の弟子になっている（『吾妻鏡《あづまかがみ》』建久三年五月十九日条、六月二十八日条、『仁和寺諸院家記』「勝宝院」）。一条能保は源頼朝と義兄弟であるが、『尊卑分脈《そんぴぶんみやく》』では隆暁を能保の養子だとする。内乱後は隆暁自身が親幕派だったらしい。鴨長明と隆暁が面識あったかどうかはわからない。ただ、『方丈記』が成立する前年の建暦元年（一二一一）に、長明は鎌倉に行って将軍源実朝《さねとも》と数度にわたって面談した。また、源頼朝の墓堂に参じ、自ら読経し、和歌を献じた（『吾妻鏡』建暦元年十月十三日条）。実朝との会話の中身は、和歌が中心だったのであろう。ただ、隆暁のことが話題の一部にのぼった可能性はある。『方丈記』の執筆構想にあたって、認識あらたに隆暁の事績を組み込んだのかもしれない。

隆暁の発想

先に挙げた疑問の第一番目について、隆暁は配下の僧に供養させた可能性がある。『方丈記』最古本の大福光寺《だいふくこうじ》本にはないが、鎌倉時代末期に書写された前田家本には、「その首を見ゆるごとに」の直前に「ひじりあまたかたらひて」という句を入れている。[19] これを、聖による社会的な実践活動の実例とみなす説もある。[20] ただし、時代の下る写本から大福光寺本の脱文を補うことに慎重な説もある。[21] また、平安末期の仁和寺に聖集団が直属していたのかどうか、検討の余地があろう。協力者はいたとしても、やはり隆暁を主体とする行為とみておきたい。

第二と第三の疑問点に関係して、『方丈記』の叙述からは削ぎ落とされた、重要史実があると思う。解明の手がかりは、左京で二ヵ月に四万二三〇〇あまりの死骸を数えた、という長明の記述である。具体的な数字は現実性を装う。実際数に近いとみられることが多く、数えたのは隆暁か長明かといった議論や、死者数を数えて歩く方法なども推測されてきた。しかしこれは、実数や伝聞の概数とは違い、「実感を超える多くの数をこそ象徴する仏教的意味合いの濃い数字」だという指摘が、[22] 妥当だと思う。つまり、約二倍にあたる「八万四千」が前提にある。しかもそれは、経典や仏教史に根拠のある数字である。

「八万四千」という数字は、「八万四千の法蔵」（『法華経』）などとしてあらわれ、歴史的にはインドの阿育王《あいくおう》（アショカ王）が造った「八万四千基」の舎利塔《しゃりとう》に由来する（『阿育王経』）。これらのことを書いた経典は、早くから日本に伝えられていた。日本で特に注目されたのは、天徳元年（九五七）に呉越《ごえつ》国から帰った延暦寺僧日延《にちえん》が、国王銭弘俶《せんこうしゅく》が阿育王にならって造った八万四千塔の一部をもたらしてからである（年未詳大宰府政所牒案、『平安遺文』九―四六二三）。北宋は呉越国の仏教事業を継

銭弘俶塔（阿育王塔）（個人蔵）

承しており、入宋東大寺僧奝然は刊本大蔵経《だいぞうきょう》や釈迦像とともに七宝舎利塔（阿育王塔）を皇帝から授けられ、寛和三年（九八七）二月に帰京している。[23] 永延二年（九八八）八月七日には、星の運行が不吉により慈徳寺で「八万四千泥塔《でいとう》供養」が行なわれ（『小右記《しょうゆうき》』）、寛仁二年（一〇一八）閏四月九日には、藤原資高《さねたか》らが行願寺《ぎょうがんじ》で八万四千部法華経書写と八万四千堂塔造立を発願した（『小右記』）。源為憲『三宝絵《さんぼうえ》』（九八四年）「石塔」に、『造塔延命功徳経』を引いて、京の官人らが川原で泥塔を造る功徳を説明するのも、無関係ではない。『三宝絵』「志賀伝法会」には、天智天皇の命で崇福寺を造る際、土中から「宝鐸」（銅鐸か）が掘り出された祥瑞《しょうずい》を述べ、『今昔物語集』巻第一一第二九はこれを「阿育王の八万四千の塔」の一つだとする。

しかも、養和元年（一一八一）から文治元年（一一八五）に、後白河上皇は貴族らに命じて、小型の八万四千基塔を造らせている（『覚禅鈔《かくぜんしょう》』「造塔法」、『玉葉』養和元年九月三十日、十月十四日、十月二十日、元暦二年〈一一八五〉六月四日条、『山槐記《さんかいき》』元暦二年八月二十三日条）。そしてさらに、建久八年（一一九七）には、源頼朝が諸国の守護を通じて八万四千基の五輪塔を完成させている（但馬国守護安達親長五輪宝塔造立供養願文案、『兵庫県史』史料編・中世三）。

平安京をめぐる塔の建設や、後白河院と源頼朝による仏教事業については、本書で後に追究する。ここでは当面、隆暁による餓死者の供養が、「八万四千」という仏教に固有の数字を前提にしていることを確認したい。しかもそれは、実際の歴史につらなる事業を背景にしていた。さらには、同時代に進行していた後白河上皇の造塔事業と関係していたかもしれない。院の事業は、死者供養などではなく、阿育王にならった政治権力の主張である。飢饉状況のためか、いったん中断したが、平家滅亡後に急遽再開したようである。真言密教僧は院権力を宗教面で担う傾向が強く、特に仁和寺はその中心拠点である。白河院時代に、仁和寺僧らが多数の小型塔を造立した例も知られる（「白河院泥塔供養表白不知作者」、金沢文庫蔵二一巻本『表白集』第七）(24)。隆暁らはその作法を知っていたであろう。

八万四千塔は、小型ながら一種の舎利塔である。呉越国王以来は、釈迦の遺骨を納める代わりに、『宝篋印陀羅尼経《ほうきょういんだらにきょう》』を法舎利（舎利に等しい経典）とみなして納めることもあった。さらに後白河上皇の八万四千塔は、五輪塔に「[梵字]」と書いた紙片を入れるものだった。

隆暁の死骸「供養」は、後白河上皇の権力事業につらなるものだと考える。八万四千基の舎利塔を貴族層に造らせる一方で、平安京の餓死者庶民の髑髏《されこうべ》にまじないをかけ、舎利そのものと見立てた可能性すら想像される。仏と「縁」を結ばせたという、死後に施された形式は、実のあるものなのだろうか。膨大な数の餓死者たちは、「人数」を数えられることで追善要求を実現した、という解釈もあって[25]、これも捨てがたいと思う。同時にやはり、「路のほとり」で「愁へ悲しむ声」をあげながら餓死した住民の思いを今日の視点で捉えることができればと思う。そのことは本書の最後で論じるが、ここでは隆暁が餓死者を供養したという、『方丈記』に特筆される仏事さえ、後白河上皇による権力的自己主張でしかなかったという事実を確認しておきたい。

第二章　平安京と寺院の配置

前史としての古代

十世紀以後について考える前提として、それまでの時代における寺院について、国家による配置という観点から概観しておきたい。

古代仏教史は、飛鳥《あすか》に政治拠点を置く中央支配集団が主導することで始まった。仏典をテキストとした漢字・漢文の修得、仏教興隆を共通政策とする東アジア政治世界への参入、戒律儀礼の定期的実践による中央支配集団の政治的結集、こういう目的があったのである。特に、戒律儀礼の定期的実践は、僧侶だけが営むのではない。俗人貴族が参加したことに注目する必要がある。「群臣に詔して京内の諸寺に『盂蘭盆経《うらぼんきよう》』を勧講せしむ」（『日本書紀』斉明天皇五年七月十五日条）、「卿等、天皇（天武）の世に仏殿・経蔵を作りて、月六斎を行えり」（『日本書紀』持統天皇五年二月一日条）といった具合である。その場は京内の寺院であり、「京内の廿四寺」などといわれた（『日本書紀』天武天皇九年五月一日条）。早くは飛鳥寺や川原寺《かわらでら》、藤原京時代には大官大寺《だいかんだいじ》や薬師寺《やくしじ》など、宮ないし京と一体の寺院が舞台となった。それら寺院は、天皇の下に中央支配集団が政治結集の意志を確認し合う、宗教儀礼の拠点であった。

平城遷都によっても、薬師寺や大官大寺（大安寺《だいあんじ》）が移築されたように、以前の仕組みが継承された。ところが七三〇年ごろからは、仏教興隆策がいっそう大規模に展開されるにもかかわらず、京内に大寺院を増設するという政策は採られなかった。天平勝宝四年（七五二）に本尊盧舎那仏《るしゃなぶつ》が開眼供養された東大寺は、唐都長安を意識して建設された寺名をもちながら、(1)明らかに京域の東方外側に建設された。そして、平城京での政策を仕切り直すかのごとく、平安京を中心とする整然とした官寺統制の構造がつくられる。

初期平安京と寺院

京内には、羅城門《らじょうもん》を挟む位置に東寺と西寺が南面して配置されるのみである。ともに、本尊薬師《やくし》如来《にょらい》が、悔過《けか》つまり懺悔《ざんげ》をもとめて京外を睨《にら》む。京内には、ほかに寺院はない。しかし、政庁たる大《だい》極殿《ごくでん》は、正月八日から十四日の仏事（御斎会《ごさいえ》）に際して、釈迦像などで設営されて仏殿と化す。(2)同時に、至近の位置にある真言院《しんごんいん》は、普段は文字通りのガランドウだが、この一週間だけは曼荼羅《まんだら》をかけた密教《みっきょう》の道場として使われる。正月の仏事には貴族らが参集し、上級の僧侶たちによって天皇の安泰が祈られた。京周辺には、このほか、遷都以前からの常住寺《じょうじゅうじ》、広隆寺《こうりゅうじ》、八坂寺《やさかでら》などや、遷都後すぐの清水寺、比叡《ひえい》山寺（延暦寺）、高尾山寺（神護寺《じんごじ》）などの山寺がとりまく。(3)

平安京での仏教統制については、平城京の仏教勢力を排除する狙いがあった、とする説が古くから

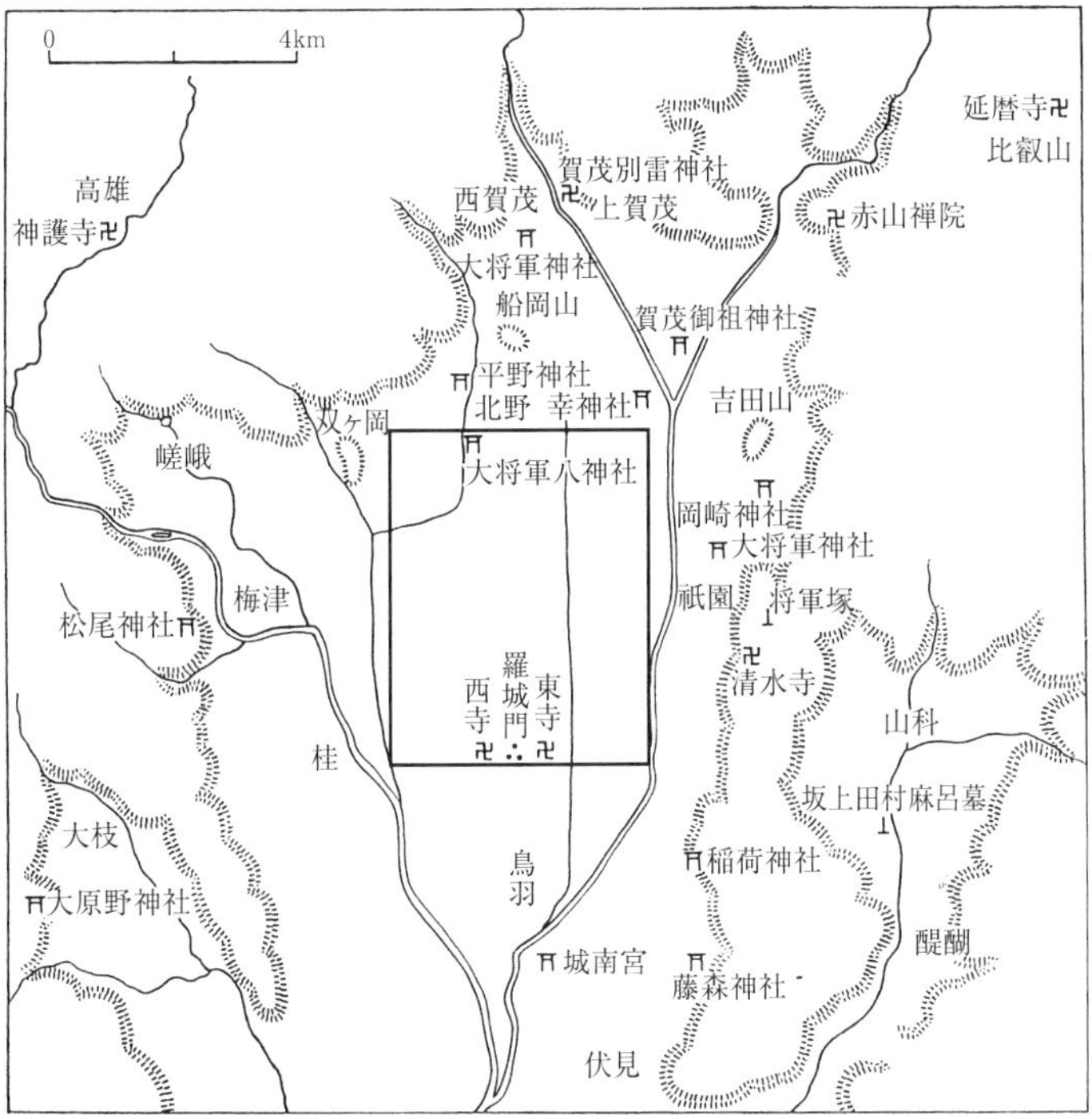

初期の平安京と寺社

ある。しかし平安時代後期のように、社会勢力に成長して強訴《ごうそ》する大衆《だいしゅ》（僧兵）はまだ存在しない。むしろ七三〇年ごろからの仏教興隆と仏教統制を、いっそう整然とした構造として再設定する目的があったのであろう。それは当然、地方の寺院配置とも連動する。八世紀後半より、諸国の国府では吉祥天《きちじょうてん》を、国分寺・国分尼寺では釈迦如来または薬師如来を、それぞれ悔過の本尊とし、大極殿・真言院の正月仏事と連動させていた[4]。ほかの地方寺院は、必ずしも一律ではないが、地方官人の職を競望《けいぼう》する郡司級豪族が自発的に建てた寺院の場合、形式と内容は官寺に準じていたはずで、瓦の模様や伽藍《がらん》配置だけでなく、悔過を仏事の中心に据えた可能性が高い。

山寺の場合、国分寺など平地の官寺と一対の機能があったことについて、出土遺物たる瓦の模様などから推定されている(5)。特に国境・郡境に近い立地の山寺は、地方統治の行政と無関係ではなさそうである(6)。八世紀後半から九世紀には、「律令制の盲点」(7)としての山林への囲い込み政策が目立つが、一木造《いちぼく》りの薬師如来像や観音菩薩《かんのんぼさつ》像など悔過の本尊は(8)、国家の領域支配を補完する指標として配置された可能性がある。八世紀はじめごろ、日本国境域には陸奥国府と郡山廃寺《こおりやまはいじ》、多賀城《たがじょう》と多賀城廃寺があり、八世紀後半ごろには、出羽国秋田城に丈六仏《じょうろくぶつ》像を本尊とする四天王寺《してんのうじ》があった（『類聚国史《るいじゅうこくし》』巻第一七一、天長七年〈八三〇〉正月）(9)。新羅との軍事緊張を背景として、宝亀五年（七七四）三月三日に大宰府《だざいふ》大野城で四天王像をまつることが命じられ（『類聚三代格《るいじゅさんだいきゃく》』巻二）、弘仁十一年（八二〇）三月四日大宰府牒案では「悔過法」と呼んでいる（『平安遺文』一〇―四九〇〇）。寺院配置の政治性が端的にわかる。四天王法といった対外軍事を想定した仏事には、地方官人も参加したのであろう。

以上のような寺院配置は、いわば平安京を核とした機械的で全国的な配置であり、一元性と集中性が顕著である。仏教の内容に即しては、天皇の宮都を核とする重層的な悔過（除災儀礼）の構造である。それは、諸寺院を点と線でつなぎ、粗い蜘蛛の巣で網掛けするように、日本国家領域に仏教理念をかぶせて防護するかのようである。

この仕組みは、正月仏事のように、定期的に確認されるだけではない。いったん国家危機があれば、その機能は鮮明になる。外交問題はその典型である。たとえば、承和十年（八四三）八月二十四日には、大極殿で『般若心経《はんにゃしんぎょう》』を転読し真言院で修法《しゅほう》を行なったが、それは対馬島に新羅より「鼓声」が聞こえ、「火」がみえたという報せによるもので、朝廷では疫病と寇賊の危機だと認識している（『続日本後紀』）。貞観九年（八六七）五月二十六日には、伯耆《ほうき》・出雲・石見・隠岐・長門各国に金光明悔過を命じた。これら諸国は「西極」にあって「堺は新羅に近い」ので、「警備の謀」として厳重に仏事を修し、「賊心を調伏《ちょうぶく》して災変を消却」せよと指示された（『日本三代実録』）。中央からの命令一下、国府や国分寺などで一斉に実施させ、地方の支配集団を集わせたのであろう。

地方の寺院は、統治と外交の前線に位置づけられていた。そして平安京は、蜘蛛の巣状の前線仏教の中心である。王都に集住して政策主導する権力は、仏事参加を媒介として内部的結集をはかり、仏教の属性たる世界性に借りて正統性を示した。

摂関期の新動向

十世紀には、仏教についても範とすべき唐が滅び（九〇七年）、疑心暗鬼で対抗関係にあった新羅も討たれた（九三五年）。五代十国時代や、後三国から高麗へと、流動する国際政局と共時的に国内反乱（天慶《てんぎょう》の乱など）を経験した日本では、新興摂関家を中心とする権力闘争の一方で、政治構造の

平安京の邸内仏堂（十二世紀前半まで）

堂名	建立年時	西暦	建立者
保胤六条邸堂	天元5以前	九八二	慶滋保胤
無量寿院	寛仁4・3・22	一〇二〇	藤原道長
小一条院六条邸堂	寛徳2・11・21	一〇四五	敦明親王
小野宮念誦堂	寛徳3以前	一〇四六	藤原実資
西院邦恒堂	天喜3以前	一〇五五	藤原邦恒
七条水閣堂	寛治3・12・6	一〇八九	藤原実季
京極堂	寛治4・3・8	一〇九〇	藤原為家
朱雀堂	寛治8・10・22	一〇九四	藤原忠実
土御門京極堂	嘉保2・6・18	一〇九五	師実室麗子
京極殿阿弥陀堂	嘉保2・8・27	一〇九五	儇子内親王
京極殿巽角御堂	永長1・12・26	一〇九六	藤原師実
六条殿御堂	承徳1・10・14	一〇九七	白河法皇
一条小堂	承徳2・3・24	一〇九八	藤原宗忠
藤原行実小堂	承徳2・8・27	一〇九八	藤原行実
医師俊則堂	康和4・11・9	一一〇二	惟宗俊則
持明院	康和年中	一〇九八〜一一〇四	藤原基頼
八条堂	長治1・1・22	一一〇四	師通北政所
道子九条堂	嘉承1・6・22	一一〇六	白河女御道子
皇后宮亮堂	嘉承2・12・21	一一〇七	不詳

変動の一部として仏教政策も転換させる。国家が「僧尼名籍」を把握するのでなく寺家が「名帳」「房主帳」を作成管理し、租税の配分を待つのではなく寺院独自の組織が所領経営するなど、寺院は自立性を求められた。ただし日本仏教全体としては、八宗《はっしゅう》の枠組みを各宗と諸寺院が分担し、天皇の下でのゆるやかな競合関係を保った。新たな特徴は、江南の呉越《ごえつ》国王からの働きかけに応じ、仏教を媒介とする国家間の交流を進め、両国の天台宗がその中心を担ったことである。国王銭弘俶《せんこうしゅく》からの働きかけは、天台山僧を介して日本天台座主《ざす》に伝え、そして朝廷に届けられた。日本側は、藤原氏摂関家が外交推進を担った。このような新しい国際政治動向の中から、日本では天台宗が発展し、座主良源《りょうげん》時代の延暦

為房朝臣堂	天仁3以前	一一一〇	藤原為房
九条精舎	天永1・6・23	一一一〇	藤原為房室
俊房邸内阿弥陀堂	天永1・12・20	一一一〇	源俊房
堀河院御堂	天永4・7・24	一一一三	堀河中宮篤子
京極堂	天永3以前	一一一二	源雅俊
三条丈六堂	永久3・10・13	一一一五	藤原忠実
八条堂	天治1・7・7	一一二四	藤原顕隆
一条堂	天治1・7・28	一一二四	藤原長忠
為隆丈六堂	大治2・10・17	一一二七	藤原為隆
八条堂	大治2・11・18	一一二七	藤原顕隆
土御門亭御堂	大治4・3・12	一一二九	前斎院
八条九体丈六堂	大治4・12・15	一一二九	藤原顕頼
八条堀川堂	長承2・12・10	一一三三	藤原家成
八条堂	長承3以前	一一三四	藤原長実
七条東洞院堂	長承3・6・16	一一三四	藤原家保
九条堂	康治2・3・16	一一四三	藤原顕頼

清水擴『平安時代仏教建築史の研究』より（一部改めた）

寺が堂塔・僧侶とも拡大した。さらに天台宗からは、特に浄土教を推進する一派があらわれる。以上の動向は、平安京と寺院の新しい関係を生み出す前提になっていく。

前章で、天元五年（九八二）に慶滋保胤《よししげのやすたね》が新造した邸宅について述べた。左京六条に営んだ「池亭《ちてい》」である。京内の自邸には阿弥陀堂《あみだどう》が建てられ、亭主の生活に欠かせない信仰施設となった。邸内とはいえ、明確に京内であり、秘密でもなく『池亭記』で公表している。阿弥陀堂で『法華経《ほけきょう》』を読んだり念仏したりするというからには、天台宗の浄土信仰を実践しているのである。このような、いわゆる寝殿《しんでん》造りの邸宅内に仏堂を設営して浄土教信仰を実践する貴族の姿は後世に数多い。慶滋保胤の実践は、その初期事例であって、慎ましげな『池亭記』の筆致とは裏腹に、むしろ平安京内での新しい信仰スタイルを示してみせたかのようですらある。

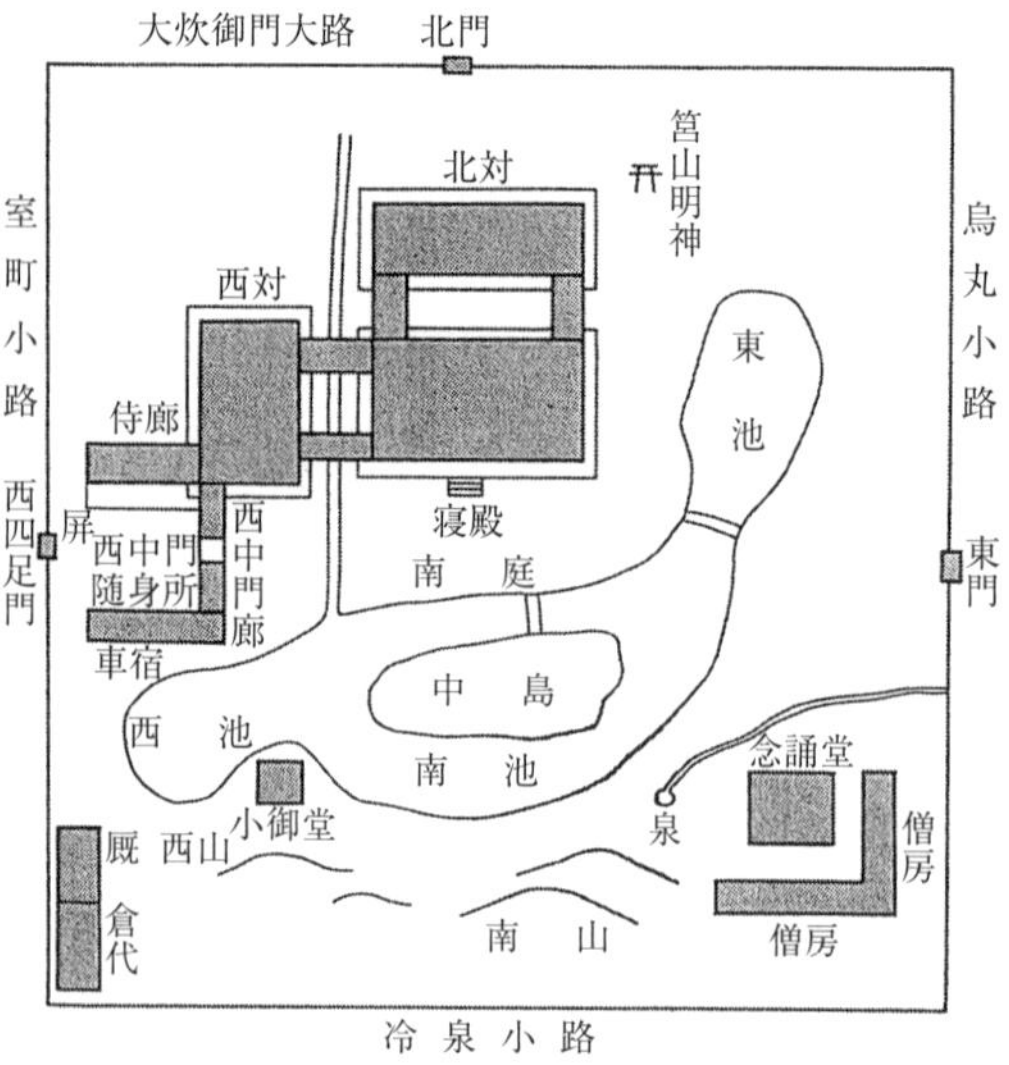

藤原実資の邸宅（太田静六『寝殿造の研究』より）

しかも貴族の邸宅内には、仏堂のほかに僧房をもつものがあった。藤原道長《ふじわらのみちなが》の枇杷殿《びわどの》には、「御読経《みどきょう》勤める僧」がいた。「枇杷殿の南に有ける小屋を房として居た」という（『今昔物語集』巻第二八第一七）。藤原実資《さねすけ》は、寛仁三年（一〇一九）に新造の小野宮《おののみや》に移ってすぐ、念誦堂《ねんじゅどう》を造ったが、その「廻廊《めぐりろう》はみな供僧の房」であったという（『大鏡《おおかがみ》』巻二）。「常住僧三口念賢、運好、忠高」（『小右記《しょうゆうき》』万寿元年〈一〇二五〉十月四日条）ともみえる[10]。仏堂をもつ寝殿造邸宅は、僧侶が京内に住む拠点の出現でもあった。すでに長保元年（九九九）七月二十七日の太政官符は、僧侶が「故なく」本拠の寺を離れ、「車宿」と号して京師に住んだり、独自の堂舎をもつことを禁止している（『新抄格勅符抄《しんしょうきゃくちょくふしょう》』）。しかし貴族の持仏堂や付属僧房を禁止してはいない。

先行研究を参照して、初期の代表事例を挙げてみれば、この後の拡大はよくわかる。慶滋保胤邸は、寝殿造邸宅の新たな画期に位置づけられるとみてよかろう。

十世紀後半以降、平安京内は仏教の要素が一層濃くなる。しかし寺院の増設という単純な傾向はたどらなかった。邸宅の建物配置には多様さがあろう。しかし垣で囲われた空間に、亭主の仏堂が設営されるという形式で、いびつな拡がりがみられるようになったのである。

京中堂舎の誕生へ—河原院

京内の寺院は、建都時点に東寺と西寺が建てられたほか、事実上は増加することがなかった。明確な法令は確かめられないが、確かに国家の規制が働いていたのであろう。これに関して、少し後、寛治元年（一〇八七）八月二十九日の官宣旨《せんじ》は、「京中堂舎」の建設は「朝憲」にそむくとして、「先の符」を踏襲し重ねて厳禁する旨、左右の京職と検非違使《けびいし》に命じている（『本朝世紀《ほんちようせいき》』）。この官宣旨は、Ｉ部第四章で述べるように、白河《しらかわ》院政期の新しい政策をあらわしているが、平安京における元来の方針をもって摂関期の傾向を否定しようとしたことは、読みとることができる。

それにしても、右の寛治の官宣旨がいうように、「京中堂舎」は摂関期には確かに出現していた。しかもそれは、貴族の邸宅内だけではなく、明らかに独立した仏教建築として目立ったものだった。(11)

その発端として重要なのは、源　融《みなもとのとおる》（八二二—八九五、嵯峨《さが》天皇第八子）の邸宅河原院が、十世紀末に孫の天台僧仁康《にんこう》によって寺とされたことである。源融の邸宅は六条院であって、六条大路の北、京極大路の西に、四町を占めていたが、京極大路の東側、つまり京外の鴨川原を含む四町を加えていたたという（『拾芥抄《しゅうがいしょう》』諸名所部）(12)。河原には庄田が営まれていたといい、東は鴨川東岸、西は京極大路を範囲とした京外に河原院が営まれ、両者は一対であった（長保四年山城国珍皇寺領坪付案、『平安遺文』二―四二二）。つまり、京内の六条院に接して、河原院は庄田ともいわれたが、もとは水流を引いた景勝地として知られていた。ここに新造された仏寺河原院の位置は、厳密には京外である。しかし、六条院と隣接した一対の存在であることは重要で、京域との連接が意識されていた可能性がある。

河原院が重要なのは、立地に関してだけではない。本尊に独特の意味が込められていた。僧仁康は、源信を中心とする釈迦講に属していたことで知られる。そして、天台座主良源による比叡山《ひえいざん》横川《よかわ》定心院《じょうしんいん》での四季講にならい、正暦二年（九九一）三月二十八日に河原院で五部大乗経の要文を講説した。邸宅が寺院として再生したのはこの時であろう。新造した金色丈六釈迦仏像は、「霊山釈迦」（霊鷲山《りょうじゅせん》で説法する釈迦）が今ここにいるかのごとき仏像で（『本朝文粋《ほんちょうもんずい》』巻第一三・仁康願文）、仏師康尚《こうじょう》が南都大安寺の釈迦仏を参照して作ったのだという（『続古事談』巻第四）。つまり、白鳳仏たる南都大安寺釈迦仏を生身仏だと意味づけ(13)、その模刻として再生されたのである。

因幡堂

ところがさらに、誰の目にも明らかな京内の寺が出現する。いずれも左京である。

因幡堂《いなばどう》は、高辻烏丸《たかつじからすま》の東に建てられた薬師堂である。縁起は、『阿娑縛抄《あさばしょう》』（巻第一・諸寺略伝、十三世紀後期）に収める「因幡堂」や、東京国立博物館（東博）本『因幡堂縁起』（鎌倉時代末期）などがあり、同時代史料を加えた研究がある。縁起によると、勅命で因幡国の宇倍《うべ》神社《じんじゃ》を参拝した橘《たちばなの》行平《ゆきひら》は現地で病にかかったが、「仏生国」（インド）から賀留津《かろのつ》に漂着した薬師如来像をまつったことで全快した。行平は帰洛したが、長保五年（一〇〇三）に薬師如来が飛来してきたので、自邸にまつって仏堂としたと述べる。先行研究が注目するように、橘行平が因幡国司として赴任したのは寛弘二年（一〇〇五）の史実で、またこの薬師如来像は因幡堂（平等寺《びょうどうじ》）に現存している。美術史学による研究では、像の様式は仏師康尚が活躍する時代の、都の仏師による作風だという。また、像の背には三つの大きな節があることに注目され、彫刻に適さない部材への苦心の跡が観察されている。それは、縁起と関係があることであって、赴任先の因幡で入手した、ほかに代替できない霊木とみなされ

因幡堂薬師如来像（平等寺所蔵）

た素材を用いたからだという(14)。

因幡堂は独立した施設なのかどうか、よくわかっていない。『阿娑縛抄』は、「因幡守家成□□角屋《すみのや》を仏堂となしてこれを安んず」とする。東博本『因幡堂縁起』は、祖父好古《よしふる》邸の持仏堂に迎えたもの の、薬師仏の告があって行平自身の「宿所」を「仏閣」となし、諸堂を造って僧を置いたという。ただ、後世の史料では、「因幡堂」とあって、橘行平邸持仏堂とはいわれていない。「烏丸東に小霊験所《れいげんしょ》あり。世に因幡堂という。すでに焼け了んぬ。仏像を取り出したてまつるといえども、堂はすでに灰燼《かいじん》せしむ」(『中右記《ちゅうゆうき》』永長二年〈一〇九七〉正月二十一日条)、という記事も参考になる(この後に再建された)。邸宅内ではなく独立していたのであろう。

六角堂

六角堂《ろっかくどう》は、烏丸六角に建てられた観音堂である。醍醐寺本『諸寺縁起集』(建永二年〈一二〇七〉書写)や『伊呂波字類抄《いろはじるいしょう》』(十二世紀末ごろ成立)の縁起は、淡路国巌屋《いわや》の海に漂着した如意輪観音《にょいりんかんのん》を、聖徳太子がまつったのがはじめだとする。『百練抄《ひゃくれんしょう》』天治二年(一一二五)十二月五日の火事で焼亡した記事には、「草創の後五百余歳を歴《へ》る」とある。しかし、妥当な裏づけを欠く上、発掘調査でも平安時代前半以前の遺構や遺物が出ておらず、十世紀後半ごろの成立かと推定されている。しかしなお検討を必要とし、ここでは京内に出現した新たな霊験所として、十世紀末ないし十一世紀はじめの創建を想定したい。後には、「京中の諸人、諷誦《ふじゅ》を六角堂・因幡堂において修す」(『百練抄』承安二年

〈一一七二〉五月十二日条）というように、因幡堂とならぶ存在となっている。確実な初見史料は、藤原道長の日記『御堂関白記《みどうかんぱくき》』長和六年（一〇一七）三月十一日条にみえる「六角小路」という地名で、その後は『小右記』寛仁二年（一〇一八）十一月二十二日条をはじめ、六角堂の記事が増える。

詳細が不明なのは、縁起などで古代の聖徳太子にさかのぼらせた由来を強調したからで、それは河原院釈迦像の本歌を古代大安寺の本尊に求めた発想と共通する。

壬生地蔵堂

壬生地蔵堂《みぶじぞうどう》は、五条坊門壬生に立つ。現存の『壬生寺縁起』は元禄十五年（一七〇二）のものだが、正暦二年（九九一）に三井寺《みいでら》の快賢僧都《かいけんそうず》が開き、寛弘二年（一〇〇五）に堂供養が行なわれたという。本尊は定朝《じょうちょう》（康尚の弟子）が作った地蔵菩薩像で、生身のごとき相好《そうごう》だという。後の正嘉三年（一二五九）に五条坊門坊城に移った（『百練抄』同年二月二十八日条）。

以上、因幡堂、六角堂、壬生地蔵堂は、左京の三条から五条の間にある。『池亭記』にいう四条以北の発展的地区と、風雅な池亭や河原院が営まれたややひっそりした六条あたりとの、ほぼ中間のあたりとみてよかろう。これらは、十二世紀には京住人諸階層の信仰を集めていたことが確かである。とはいえ、おぼろ気にしかわからない創建事情から推す限り、通説がいうような、庶民信仰によって自然発生的に成立した町堂だとは断定できないと思う。塔などの建築を欠き、「堂」と呼ばれていることは、確かに整った寺院らしくない。しかしそれは、藤原師実《もろざね》邸の京極堂を建てる際に、「洛中《らくちゅう》を憚《はばか》るによって瓦を葺かず、鐘楼を建てずとうんぬん」（『百練抄』嘉保二年〈一〇九五〉六月十八日条）といわれたように、京内の貴族邸宅に付属する持仏堂への建築規制とも共通していたのであって、庶民の粗末な寺だからではない。むしろ、都の代表的仏師に本尊を発注し、霊力著しい生き仏、つまり生身仏として意味づけるような、知的操作の可能な創建主体を想定すべきであろう。

京に接する新寺院群

ほぼ同じころ、京域に接して、いくつもの寺院が新設された。それらには、共通する特徴がある。革堂《こうどう》は、寛弘元年（一〇〇四）十二月十一日に皮聖《かわひじり》行円《ぎょうえん》が建てた「一条北辺堂」にはじまるという。同二年五月三日にも供養の記事が見える。七月二十五日には、行願寺《ぎょうがんじ》の名で、法華八講に多くの貴賤を集めたという（『日本紀略』）。季節に関係なく鹿皮を着た聖人行円について、民間の修行者だと考えるのが通説である。ただし、永祚元年（九八九）八月十三日に大風雨で平安京内外が被災した際、転倒した宮城殿舎や寺社の中に、「一条北辺堂舎」が見える（『日本紀略』）。革堂の前身である可能性があり、行円の活動ははじめから朝廷の後援を得ていたかもしれない。寛仁二年（一〇一八）閏四月五日には四部講が行なわれ、同九日には藤原実資らが八万四千部法華経書写（『法華経』は一部八巻）と八万四千堂塔造立（ミニチュアであろう）の願を立てている（『小右記』）。先にもみたように、「八万四千」という数字は、遠くインドの阿育王《あいくおう》が建てたという塔の数で、十世紀の呉越国王がそれにならって造った小舎利塔（阿育王塔、銭弘俶塔）の数でもある。革堂の本尊は金色千手観音像であり、『伊呂波字類抄』には、夢告で得られた大梓木の霊木で造ったものだと伝える。

法興院《ほうこういん》は、二条京極の東北にある。永祚二年（九九〇）五月八日に出家した摂政藤原兼家《かねいえ》が、同十日に自邸の二条京極第を寺としたものである。兼家は七月二日に死去し、八月十二日には子関白道隆《みちたか》が四十九日の追善仏事を行なったというが、寺院としての完成供養は翌年七月である。

世尊寺《せそんじ》は、一条大宮の西北である。(15) 藤原行成《ゆきなり》が、母方の父源保光《やすみつ》から伝領した邸宅を長徳元年（九九五）に仏寺にしたという。寺観を整えた長保三年（一〇〇一）二月二十九日に、天台座主覚慶《かくけい》ら天台僧一〇人と、南都北嶺《なんとほくれい》の一〇〇僧によって供養された。「寝殿をもって堂となし」、等身の金色大日如来・普賢菩薩《ふげんぼさつ》・十一面観音・彩色不動明王・降三世明王《こうざんせみようおう》の像を安置した。不動明王像は長徳四年三月十四日に、大日・普賢・十一面観音は長保元年七月二十二日から、行成が仏師康尚に造像を指示している。これらのことを自ら記す藤原行成『権記《ごんき》』には、長保三年三月十日に世尊寺を御願寺《ごがんじ》とする宣旨が下されたことを書き、すぐ続けて、朝廷への出仕を辞退していた天台僧源信と覚運《かくうん》が、同日の「綸旨慇懃《りんじいんぎん》」によって法橋上人位を受けて内裏に参入したと述べている。

河崎観音寺《かわさきかんのんじ》は、一条京極の東にある。『今昔物語集』巻第一四第一に、「ただ北の東に川崎と申す所に、人の普賢講行ひ候つる伽陀《かだ》に付て、笛をぞ終夜吹き候つる」とみえる。

京極寺《きようごくじ》は、三条京極の東北角である。『今昔物語集』巻第一一第二には、桓武天皇の子の「起こし給える寺」だとする。そうであれば九世紀ごろにさかのぼるが、鴨川の水を河原の寺田に引いたことが書かれており、また十一世紀前半には、三条京極で鴨川に運送される材木が交易されており（長元八年秦吉子《はたのよしこ》解《げ》、『平安遺文』二―五二八）、いわば門前市のようだった。この時代に新たに発展した可能性があろう。(16)

祇陀林寺《ぎだりんじ》は、中御門京極の東に建てられた。もと藤原顕光《あきみつ》（兼通の子）の邸宅で、寺院になして広幡院と称した。『続古事談』巻第四などは、祇園精舎《ぎおんしょうじゃ》になぞらえて祇陀林寺と名づけたのは源信だという。先に述べた河原院は鴨川からの浸水を受けたといい、仏師康尚作の釈迦像は、長保二年（一〇〇〇）四月二十日に白い牛車に乗せてここに移された（『権記』）。『今昔物語集』巻第一七第九には、治安三年（一〇二三）に疫病が流行し、この寺の地蔵菩薩の霊験を求める地蔵講が始められたという。なお同四年四月二十一日には、天台座主院源《いんげん》によって、比叡山の仏舎利を移して供養された（『日本紀略』）。

六波羅蜜寺《ろくはらみつじ》は、五条通りから鴨川を東に渡った場所だが、右に挙げた諸寺の出現と関連するようである。応和年中（九六一―九六四）に空也《くうや》が建てた西光寺が起源だとされ、貞元二年（九七七）に大法師中信《ちゅうしん》が堂舎を建立し、さらに寛弘九年（一〇一二）十二月十四日の太政官符で寺領を保証された（『六波羅蜜寺縁起』）。『今昔物語集』巻第一七第二一には、但馬《たじま》前司源国挙《くにたか》が地蔵菩薩の助けで閻魔《えんま》庁より蘇生した霊験に感謝し、定朝に等身皆金色地蔵菩薩像を造らせて六波羅蜜寺に安置し、地蔵講を始めたという。

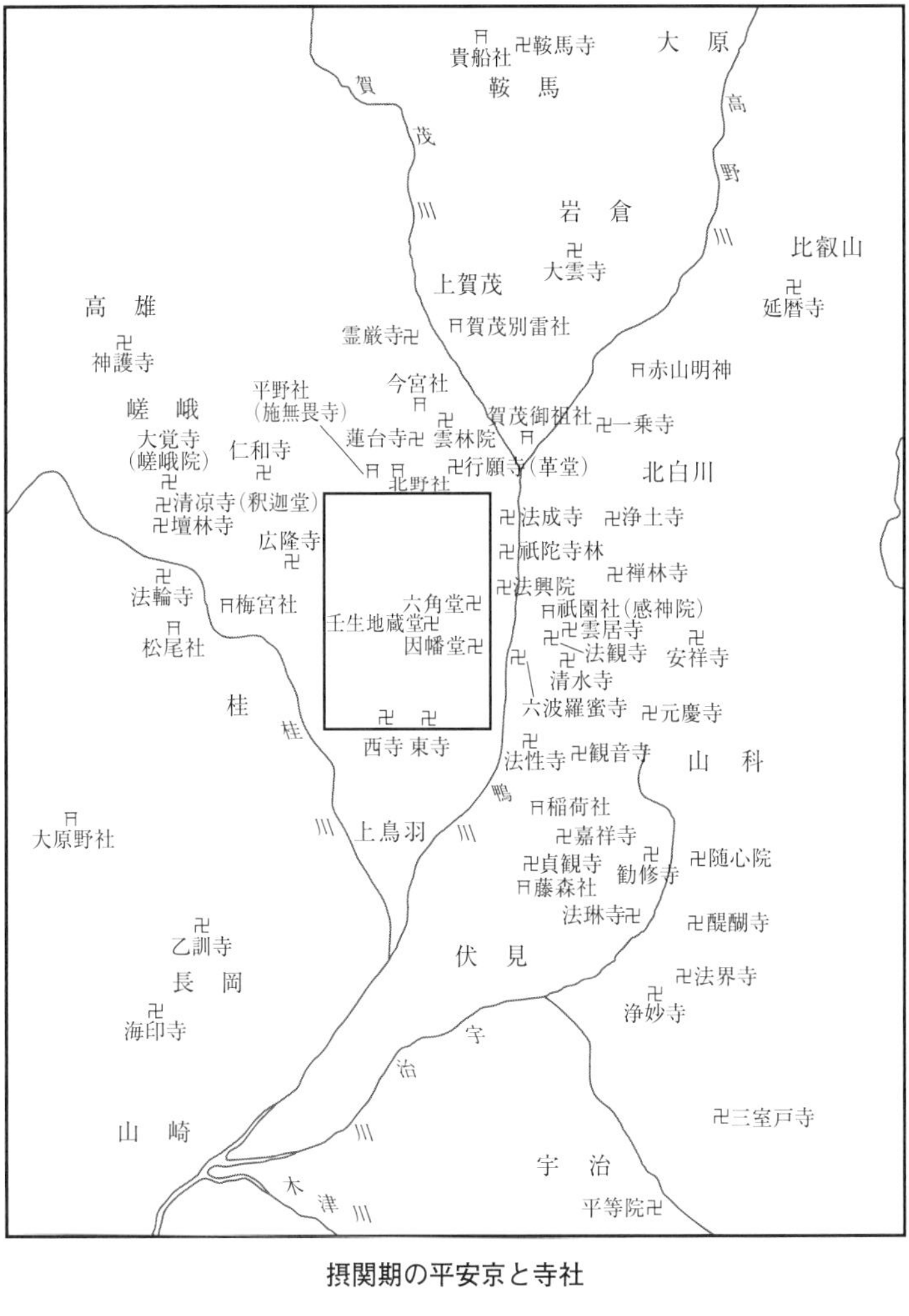

貴船社
鞍馬寺
大原
鞍馬
賀
茂
川
高
野
川
岩倉
比叡山
大雲寺
上賀茂
延暦寺
高雄
賀茂別雷社
霊巌寺
神護寺
赤山明神
今宮社
平野社
(施無畏寺)
嵯峨
賀茂御祖社
一乗寺
雲林院
蓮台寺
大覚寺
(嵯峨院)
仁和寺
行願寺(革堂)
北白川
北野社
清凉寺(釈迦堂)
壇林寺
法成寺
浄土寺
広隆寺
祇陀寺林
禅林寺
法輪寺
法興院
梅宮社
六角堂
祇園社(感神院)
壬生地蔵堂
雲居寺
松尾社
因幡堂
法観寺
安祥寺
清水寺
桂
六波羅蜜寺
元慶寺
桂
西寺 東寺
法性寺
観音寺
山科
鴨
稲荷社
川
上鳥羽
川
大原野社
嘉祥寺
随心院
貞観寺
勧修寺
藤森社
法琳寺
醍醐寺
乙訓寺
伏見
長岡
法界寺
浄妙寺
海印寺
宇
治
三室戸寺
山崎
川
宇治
木
津
川
平等院

摂関期の平安京と寺社

法成寺《ほうじようじ》は、土御門《つちみかど》京極の東にある。藤原道長が、寛仁四年（一〇二〇）に土御門邸の東に接して建てた無量寿院《むりようじゆいん》阿弥陀堂に始まり、順次に規模が拡大した。阿弥陀堂の本尊は康尚作であるらしい（『中外抄《ちゆうがいしよう》』上）。道長は、治安元年（一〇二一）三月二十九日に、後一条天皇の病気平癒を祈って百余体の大型絵仏を供養した（『小右記』）。これについて『今昔物語集』巻第一二第二二は、「百体の丈六の仏の懸け並べられ給いて、風に吹かれて動き給うが、生身の仏の如くして貴きこと限りなし」と述べている。

王朝都市の生身仏

以上、貴族邸宅内の仏堂、京内の仏堂、京縁辺の寺院について、十世紀末から十一世紀はじめの新動向として概観した。京縁辺の寺院については、必ずしも詳しくはわからない上に、ほかにも例はあったであろうが、代表的な事例から時代の特徴を推測することは可能であろう。ここにあらわれた都と寺院との関係は、平安時代前期までの姿を一変させている。

この時期は、藤原道長が権力掌握する時代にほぼ重なり、摂関政治の確立期である。そのような政治史上の画期であるばかりではなく、「王朝都市」というべき平安京への転換期として注目されてきた。それは、『池亭記』が描くような貴賤の混住と貴族・官衙《かんが》の新たな分布・配置、発展した都鄙《とひ》間交通を介して求心的に地方を支配する都市領主の成立、分業と流通の現業部門を担う都市住民の社会的主体形成、といった内容の都市構造変化を見据えたものである(17)。そのような動態の一部として、しかも同時代の史的特徴を理解する上で不可欠の事象として、仏教史の転換があると思う。その平安京における具体的あらわれが、ここでみた寺院や仏堂の新動向だと考えられるのである。それらが左京とその縁辺に集中するのも、都市構造の変化と不可分のことである。

これら寺堂の新傾向は、平安京との関係で立地に特色が認められるだけではない。それらは、共通の意味づけと思想基盤が、具体的な表現となっているのではないか。そしてその焦点こそ、生身仏であろう。生身仏とは、生き写しの姿であり、むしろ彫刻ならぬ生身《なまみ》の仏菩薩そのもののことである。霊鷲山で説法する釈迦如来、インドから漂着した薬師如来、生身の相好をもつ地蔵菩薩、霊木から出現した千手観音、祇園精舎の釈迦如来、といった具合である。生身仏ならば仏像として人間が制作するというのは矛盾だが、特定の仏師の有能な技量に結びつけて特別視することで、疑問を差し挟ませない説得力が込められている。仏師康尚こそその人である(18)。生身仏と康尚はほぼ一対であり、康尚は生身仏を思い起こさせる記号ということさえできる。

では、なぜこの時期の平安京は生身仏と関係づけられたのか。王朝都市の成立が自然にそうさせたわけではなく、貴賤の住民による信仰心という曖昧な事情とも考えがたい。それぞれの寺堂の建立事情からすると、庶民信仰の高まりを契機と考えることは、なおさら困難であろう。生身仏という知識や発想、仏師康尚が率いる技術者に発注しうる立場など、貴族が主体であることは疑えないと思う。

この点、すでに先学による重要な指摘がある。先に河原院の本尊について、霊山で説法する生身の釈迦として造られたことを述べた。ただそれは、大安寺の釈迦仏という、自国内の先例を範にしたという由来をもっていた。この言説について、真に意図するところが研究で探られているのである。『本朝文粋』巻第一三に収める仁康願文には、赤栴檀《しやくせんだん》の釈迦像や、五尺の釈迦像ではなく、自国産だということが強調されている。赤栴檀の釈迦像とは、天竺《てんじく》（インド）で釈迦を生き写しにしたという由来をもち、今は北宋皇帝が奝元にもっている生身仏である。五尺の釈迦像とは、入宋した東大寺僧奝《ちよう》然《ねん》が、北宋皇帝から下賜された、赤栴檀の生身仏の模刻像であり、寛和二年（九八六）に持ち帰られた第二伝の生身仏である。河原院の生身釈迦仏は、この一世を風靡《ふうび》した奝然輸入仏ではなく、自国内の先例を範としてできたのだという。しかし仁康の願文から、外来の生身釈迦仏への対抗意識を読みとる説は、充分に説得力がある。(19) また、因幡薬師の縁起の成立契機についても、奝然が持ち帰った「栴檀釈迦瑞像《ずいぞう》」の示唆と刺激をおいてほかには考えられないという指摘がある。しかもそこには、天竺・震旦《しんたん》（中国）・日本という、三国伝来の正統性が込められているということも、すでに論じられている。(20)

平安京における仏教の様相は、十世紀末ごろから確かに新しい展開を示した。それは王朝都市としての様変わりの一部であり、古代から中世への時代変化にも関係していた。しかし、都市史の時代転換が、ほかならぬ仏教史の目にみえる変化としてあらわれた理由については、やはり独自の考察が必要であろう。平安京と仏教の新しい動態について、その契機や意味を知るために、京やその縁辺に生身仏が出現する前史を探らなければならない。そのためには、平安京だけではなく、北宋による大陸の政治的統一をはじめ、東アジアの政治世界が新段階に入った事情を視野に入れる必要があるだろう。

第三章　摂関期仏教のゆくえ

摂関期仏教の性格

王朝都市平安京の仏教は、摂関期仏教と呼ぶことができる。京内の仏堂や京域に接する寺院の出現など、外観において明らかに新しい形があらわれている。内容については、浄土教の流行が知られているが、実際は、旧来からの八宗《はっしゅう》の枠組みが基本で、その摂関期的特徴として天台浄土教の成長がある。それは流行というより急浮上というべき新事態である。そう考えるのは、王朝都市平安京の仏教が様変わりする要因を、通説のように、没落化する貴族や抑圧下にある民衆の、現世不安に結びついた末法思想《まっぽうしそう》が次第に浸透した結果(1)、とはみないからである。歴史的契機は、東アジア政局を前にした知識人貴族の動向、それらに動かされた権力中枢の判断にある。この章では、その事情を概観する。そして、摂関期仏教について、それ以前の古代仏教からの単純な延長と評価したり、逆に院政期仏教を準備した萌芽段階としてのみ位置づけるのではなく、選択の幅ある一段階として捉えてみたい。北宋など大陸の新しい仏教への対応や、仏教諸派それぞれに対する重視の度合い、仏教以外の信仰との関係づけなど、歴史の過程においては様々な可能性があったと思われるからである。

また、仏教史全体としては、播磨国書写山円教寺《しよしやざんえんぎようじ》や大和国金峯山《きんぷせん》をはじめ、各地の山寺にも、注目すべき展開が認められる。しかしそのことも、平安京の動向と関係深いと考えられる。本書ではあまり触れられないが、留意すべき理由の一端は、文中からくんでいただきたく思う。

奝然の帰国

東大寺僧奝然《ちようねん》（九三八―一〇一六）は、今日一般にはあまり知られていない僧であろう。歴史上で重要な役割を果たしながら、その後の事情によって急速に表舞台から退場した人物の典型である。(2)奝然は、前半生にはそれほど目立った動きをみせていない。天延二年（九七四）五月十日に、宮中の季御読経《きのみどきよう》で天台僧源信《げんしん》と論義したのが（『親信卿記《ちかのぶきようき》』）、記録に残る表舞台だといえるぐらいである。華厳《けごん》・三論《さんろん》を軸として、天台にも通じていた学僧だったらしい。よほどの熱意があったのであろう、北宋の仏教聖地たる五臺山《ごだいさん》、そして釈迦の聖地天竺《てんじく》への巡礼を計画し、渡航許可を太政官《だいじようかん》に申請して公証を発行され、永観元年（九八三）八月に宋商船で渡宋した。

北宋は、九七九年に中原《ちゆうげん》を統一し、唐王朝の後継を自認して対外政策にも積極的であった。仏教興隆を重視した皇帝は、インドや中央アジア方面をはじめ、アジア諸方から外国僧を受け入れた。特に外国僧に対しては、七世紀末以来の仏教聖地として発展した五臺山に引きつけ、その巡礼は「中国の利」だとして公費を支給した（『続資治通鑑長編』大中祥符二年十一月癸酉条）。(3)奝然と従僧六人の一行は、着岸地の台州《だいしゆう》にある天台山をはじめ、江南そして北地への旅程で仏教聖跡をたどった。念願の五

奝然請来の釈迦如来像（清凉寺所蔵）

臺山はもとより、首都開封《かいほう》の京内大小寺院をも、誘導されるかのように巡礼した。皇帝側とのやりとりがあったらしく、奝然は三回、皇帝のもとに拝礼した。その結果、天竺への旅は認められず、北宋の最新仏教アイテム三種を与えられ、寛和二年（九八六）七月に帰国した。

三種のうちの一つは、刊本大蔵経《だいぞうきょう》（一切経《いっさいきょう》）である。大蔵経は、唐代の皇帝が欽定として正統性を付与した、漢文（中国語）に翻訳された釈迦の教説類である。江南の蜀《しょく》に命じ、一三年がかりで作らせた新品同然の板木は、一三万枚におよぶ。印刷・調製された仏書は五〇〇〇巻あまりにのぼる。それらを五〇〇箱に入れて、奝然に持たせた。

別の一つは、七宝合成舎利塔である。舎利は釈迦の遺骨であり、遺身を意味する。実際の真偽は定かでない。北宋の皇帝は、インド方面から来貢する外国僧から数多くの舎利を入手しており、別の外国僧に下賜分与したのである。

もう一つは、釈迦像である。これにも特別のいわくがある。かつて釈迦が生存していた時代に、優《う》塡王《てんのう》なるマガダ国の王が、釈迦を横にして彫刻させたという肖像があった。しかもその仏像は、本当の釈迦と違わない霊力をもったという。北宋皇帝は、その仏像を入手しているという。それは、世界宗教としての仏教について、発信源たるインドの地位を、自国が継承するという政略の一つである。この釈迦像を、その由来によって、瑞像《ずいぞう》と呼んでおり、入朝する外国僧に拝ませていた。しかも場合によっては、その模刻を作成して下賜したのである。奝然は、帰途の台州で、開元寺僧らの手配によって、釈迦像を模刻してもらい、与えられた。

奝然は、寛和二年七月に大宰府《だざいふ》へ到着した。所持物を監査する官人、そして朝廷は、ずいぶん驚いたことであろう。翌年一月二十一日にいたり、ようやく奝然らは平安京入りするが、その後朝廷では、周到な迎え入れの態勢を演出していた。二月十一日に奝然一行は、三種の下賜品とともに、一列に羅城門《らじようもん》から朱雀大路《すざくおおじ》を北上し、大内裏《だいだいり》に披露する大パレードの主役となった。山城・河内・摂津の住民が人夫に雇われて荷物を運搬したが、沿道の平安京住民は、結縁のためとして一行に群がり、貴族たちも見物した。この日、奝然らは、皇帝からの下賜品とともに、大内裏の地の東側をまわって、その西北、平安京に接する蓮台寺《れんだいじ》（真言宗）に入った。

北宋皇帝と日本朝廷

奝然の帰国は、新奇な仏教文物だけではなく、新しい東アジア情勢の一端を伝えることになったであろう。政治統一した北宋国内の外観、従属する周辺国や入朝する西域諸国の事情、さらには北宋と対峙する遼《りょう》（契丹《きったん》）についての断片的な情報などである。しかし、最も重要なことは、下賜された大量の新奇な仏教文物に、北宋皇帝太宗《たいそう》から日本天皇への重要なメッセージがこめられていたことである。奝然は、天皇の国書を持って再渡航するよう、促されて帰ったものと推測される。北宋皇帝は、諸国からの入貢僧を介して積極的に外交を進めており、膨大な下賜品は無償の供与ではないであろうし、次に述べるようにすぐさま朝廷が返礼の僧を渡航させていることが、推測の根拠である。太宗の意図は、天皇の友誼《ゆうぎ》交渉などではなく、北宋皇帝から日本国王への従属要求であったろう。

日本朝廷は、慎重に従属回避の方法を選んだ。永延二年（九八八）に、奝然ではなく弟子嘉因《かいん》を再入宋させ、天皇の国書ではなく奝然の私信を持たせたのである。嘉因は、五臺山大華厳寺にある文殊《もんじゅ》像の模刻像を下賜されて帰っており、まずは事なきを得たようである。五臺山は、生身の文殊菩薩が住む山寺として、北宋が誇る聖地である。奝然の考えは不明だが、朝廷はそれなりに事態の深刻さを考えたはずである。この後、宋朝からの従属要求を事実上拒否した日本朝廷には、独自の外交路線を模索する必要が認識されたであろう。日宋間の直接的な国家間外交を避けたのだが、そのことは、仏教政策にあらわれる。唐時代とは違い、中国仏教の模倣を避ける方向へ、そしてむしろインド仏教との直結を模索することとなった。瑞像、生身仏、霊験仏への関心は、そのあらわれである。天竺・震《しん》旦《たん》（中国）・本朝（日本）という仏伝ルートを強調する三国思想も、同じ脈絡で浮上する。ともに、インドを視野に入れることで中国を相対視しようとする、政治的な願望の、仏教的な表現形式である。

このことは、朝廷の権力中枢が判断したことであろう。同時に、北宋皇帝の意思を体現した奝然と違った進路が、源信ら天台宗浄土教の推進者によって、いっそう積極的に主張されることとなった。

天台仏教徒の猛攻勢

摂関期仏教について、今日特に有名なのは、天台僧源信とその著作『往生要集《おうじょうようしゅう》』であろう。(4)『往生要集』は、日本における本格的な浄土教の発展を示す著作として特筆される。また、阿弥陀如来《あみだにょらい》に極楽往生を願う思想と実践が流行した証拠として、浄土教美術の存在がその証とみられている。しかし摂関期における浄土教は、徐々に流行して花開いたといったものではない。十世紀前半から、日本国と呉越《ごえつ》国との交渉が、両国天台宗の交流として進められたことについて、I部第一章で触れた。天台宗の浄土教に関する新知識は、日本の一部知識人層を刺激していたのであろう。そのような前史に加えて、東大寺僧奝然が、華厳宗ないし密教の拠点たる五臺山《みつきょう》をめざして渡航したことが、逆に源信らを浄土教の社会的興隆事業へと駆り出させた。

源信は、大部な『往生要集』を、永観二年（九八四）十一月から翌年四月の間に執筆した。志を同じくする慶滋保胤《よししげのやすたね》は、『日本往生極楽記』を永観元年から寛和元年（九八五）に書いた。(5)日本人の極楽往生者四五人を登場させた、小伝記集である。同じく源為憲《みなもとのためのり》は、『空也誄《くうやるい》』によって、平安京あたりを活動舞台とした浄土教僧空也の伝記を著した。その執筆時期については、空也が死去した天禄三年（九七二）以後であることしかわからない。ただ、永観二年には、冷泉《れいぜい》天皇第二皇女尊子《そんし》内親王

源信像（聖衆来迎寺所蔵）

のために『三宝絵《さんぼうえ》』を著し、日本仏教の由来と特徴を平易に説いており、空也伝の執筆契機も同時期に存在した可能性がある。これら著名な浄土教著作は、奝然の入宋期間に書かれているのである。奝然は天竺をめざしていたとはいえ、同行僧の帰国によって北宋情報が日本にもたらされる可能性はあった。むしろ短期に揃って執筆活動に出た源信らの姿を推測すれば、奝然の入宋には、莫大な下賜品や国書要求は予想外であろうが、北宋の都開封の仏教をもたらす可能性がはじめから想定されていたと考えられる。開封の仏教は、華厳や真言密教にこそ重点があったのである。

源信らの活動は、生半可ではない。まとめて挙げてみよう。

康保元年（九六四）三月、比叡山《ひえいざん》で勧学会《かんがくえ》が結成されていた。比叡山僧の一部と、慶滋保胤、橘《たちばなの》倚平《よりひら》、藤原在国《ふじわらのありくに》、高階積善《たかしなのもりよし》、大江以言《おおえのもちとき》といった貴族が集い、三月十五日と九月十五日に『法華経《ほけきょう》』を聴聞しつつ詩作するという、いわば念仏結社である。その系譜を引き、浄土教信仰実践をより明確にしたのが、寛和二年（九八五）五月に発足した二十五三昧会《にじゅうござんまいえ》である。同年四月に出家した慶滋保胤（寂心《じやくしん》）が中心となり、九月には源信の参加も確かめられる。そのメンバーは、浄土教にもとづく臨終作法として、互いの看護、看取り、念仏、没後供養を取り決めた。寛和二年には、楞厳院《りようごんいん》二十五三昧根本結衆発願文と起請八ヵ条を、永延二年（九八八）には、首楞厳院二十五三昧起請を作成し、活動の指針としている。

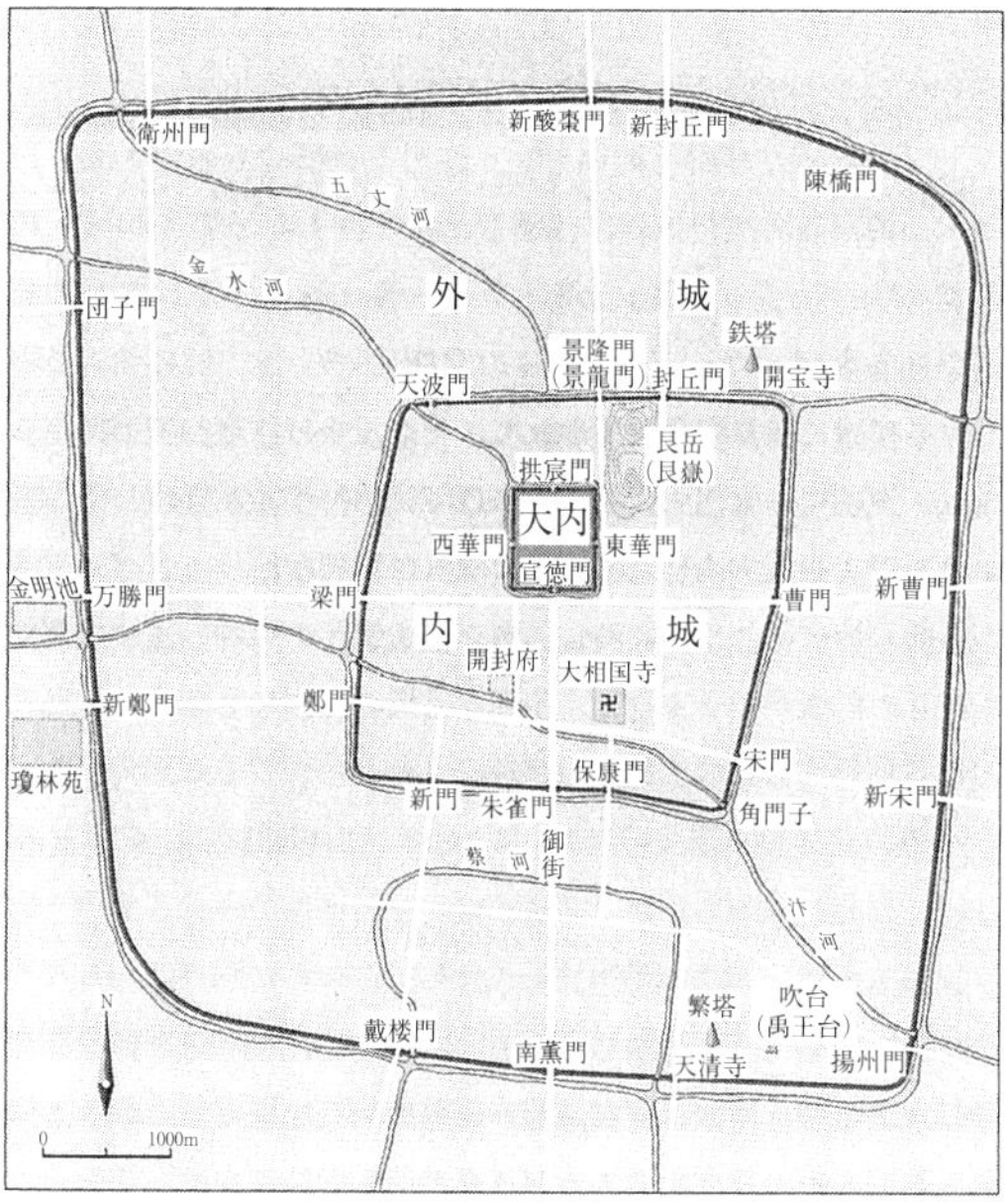

北宋の都開封（同済大学教研室編『中国城市建設史』より）

正暦年中（九九〇—九九五）には、源信が企画して比叡山横川《よかわ》に霊山院を建てた。その本尊は、仏師康《こう》尚《じよう》作の等身釈迦像である。寛弘四年（一〇〇七）七月には、「霊山院釈迦堂毎日作法」を活動規範とした。同じく「霊山院式」には、「霊《りよう》鷲《じゆ》山《せん》はこれ釈迦如来常住のところ」、「天竺処々に霊験仏像あり、もし要心して求めて像中を見れば、真身安慰を現し、行者その所願を満たす」と述べる。霊山院の釈迦像は、生身仏なのである。その信仰者には、源信や仁康《にんこう》ら多くの僧のほか、内大臣藤原公季《きんすえ》、皇后彰子《しょうし》、資子《しし》内親王、藤原倫子《りんし》（道長室）、下級官吏、近江住人らがいた。僧仁康は、六条京極に接した河原院の本尊釈迦如来像を造らせており、奝然が持ち帰った釈迦像への対抗意識から、自国産生身仏の思想をこめたことについて、前章で述べた。

中心になったのは、やはり源信であろう。源信は、北宋の天台僧との教学交流にも積極的である。永延二年、源信は自ら博多に赴き、自著『往生要集』、慶滋保胤『日本往生極楽記』『十六相讃』、源為憲『法華経賦』、良源『観音讃』など日本人天台宗著作を、宋商とともに来航していた江南の僧斉隠に託し、天台山国清寺《こくせいじ》に送った。正暦三年（九九二）には、婺州《むしゅう》雲黄寺僧行辿《ぎょうてん》に、自著『因明論疏四相違略註釈』を送った。北宋側からは、長徳元年（九九五）に、杭州奉先寺《こうしゅうほうせんじ》僧源清《げんせい》から日本天台座主暹賀《ざすせんが》と天台宗碩徳《せきとく》に宛てた書信と書籍が届いている。

宋都開封と平安京

前章でみたように、平安京とその縁辺には、霊験所というべき寺院が、十世紀末から十一世紀はじめにかけて一斉に出現した。その契機は奝然問題であった。ここでいう奝然問題とは、北宋の最新仏教が一括してもたらされ、同時に北宋皇帝からの従属要求をうけて、日本朝廷は政治的対応を迫られた、ということを指す。朝廷は、外交上の糊塗策でその場をしのいだ。一方では源信ら天台勢力の猛攻勢で、浄土教の実践活動が展開され、北地でなく江南の天台宗との交流が求められた。それらの結果、震旦仏教の模倣ではなく、天竺仏教の自生が、平安京とその縁辺で生身仏や霊験所としてあらわされ始めた。朝廷の判断と、源信らの願望が結びつく事情については、少し後で述べる。まずここでは、奝然問題を契機とする日本朝廷の政治判断が、仏教史の転換に結びついたことと、王朝都市平安京に新しい仏教が加わったことについて、その歴史的画期性の意味を考えておきたい。

奝然は、宋都開封の滋福殿に置かれた釈迦瑞像に引きつけられ、皇帝は再度の渡航による天皇の国書を求めた。ことが実現すれば、開封の皇帝と、平安京の天皇が、釈迦瑞像を媒介として主従の関係を結ぶことになる。奝然は、『奝然入宋求法巡礼行並釈迦瑞像造立記』（清凉寺釈迦如来像像内文書）のほかに、入宋中の日記をつけており、帰国後に朝廷へ提出したようである。早くに失われ、「奝然入唐記」などとして十二世紀の仏教書に引用された断片記事しか知られないが、宋で目にした寺院のことは主要な関心であったらしく、開封京内の諸寺を巡礼した記事も含まれている。開封の城域内に多くの寺院があることは、日本側にはっきりと伝わったはずである。

平安京には、もとは東寺と西寺だけが置かれたが、前章でみたように、十世紀末から十一世紀はじめに、因幡薬師堂《いなばやくしどう》、六角観音堂《ろっかくかんのんどう》、壬生地蔵堂《みぶじぞうどう》が建てられた。その建立年代は、奝然問題以後だと考えてよいだろう。

ただし、平安京内の寺院は、やはり多く増加したわけではない。むしろ少ないとすべきであろう。霊験仏を安置する寺院は、京の縁辺に造られた。また、貴族の邸宅内に、仏堂が建てられていった。

これらをあわせ考えるならば、王朝都市の新たな寺院増加の実態には、不自然な特徴があるとみなすべきではなかろうか。その理由を、奝然問題との関係で考えるならば、北宋仏教の実態に衝撃を受けつつ、その模倣を回避する選択が働いたものと想像される。その一つのあらわれが、北宋仏教の拠点たる開封に対して、王朝都市平安京に形づくられた独自の仏教色である。北宋からの影響を考える際、同様の要素があるかないかという基準だけで判断してはならない。影響があるからこそ、別の形へと促される場合もある。古代日本の仏教は、唐仏教の模倣という色合いが強かったが、北宋仏教に接した摂関期には、似て非なる方向へと選択の指針を転換した。それは、十世紀末から十一世紀という段階がもつ、歴史的条件の性質によることであろう。東アジア世界の中の摂関期日本、そして平安京は、新しい段階に入っていたのである。

京と霊山

仏教では聖地としての霊山が重要視される。釈迦の説法処として知られる霊鷲山（耆闍崛山《ギッジャクータ》）はその代表で、パンダヴァ、ヴェーバーラ、イシギリ、ヴェープラとあわせて五山が、マガダ国の首都ラージャグリハ（王舎城）を囲んでいた。中国では、五臺山、天台山、終南山、泰山、嵩山、南嶽、廬山などが知られる。中でも五臺山は、生身の文殊菩薩が住む仏教聖地として、すでに七世紀後半から整備され、北宋時代にも世界的な聖地として内外に知らしめられていた。五臺山は、五峰からなる山姿による名称で、都開封を囲んではいないが、その北東にあった。奝然も、開封から五臺山を往復した。それ以前の日本僧では、奈良時代の玄昉《げんぼう》、平安時代の霊仙《りようせん》、円仁《えんにん》、恵蕚《えがく》、恵運《えうん》、円覚《えんがく》、円珍《えんちん》、寛《かん》建《けん》らの巡礼が知られる。五臺山は、東アジア仏教圏における聖地の中核的存在であり、周辺諸国からの関心をひき、いわば五臺山仏教圏が形成されていた。大事なことは、五臺山が唐、北漢、北宋によって各時代に保護されてきたことであり、北宋時代には開封と一対の存在であった。

ところが、奝然以後の日本僧は、寂照《じやくしよう》（一〇〇三年入宋）や成尋《じようじん》（一〇七二年入宋）、戒覚《かいがく》（一〇八二年入宋）も五臺山に行ったのだが、寂照は渡航直前にようやく認められ、ほかの二人は許可されていない。しかも寂照や成尋にとっては、皇帝との政治通交の事情から開封と五臺山に赴くものの、当人は江南の天台山にこそ関心があった（この点は次章で述べる）。摂関期仏教に即して考えると、すでに五臺山仏教圏からの離脱傾向があらわれているといえる。

平安京の南方、宇治の浄妙寺は、藤原道長《みちなが》によって一門の先祖供養のために建てられた。寛弘二年（一〇〇五）の供養願文で道長は、「霊山浄土の釈迦尊にもうしていはく」と呼びかけ、「如来の墳墓」であり「法身の舎利」をまつる浄妙寺は、「霊鷲山の五色の雲に乗りてもって飛来するか」と述べている。浄妙寺を霊鷲山になぞらえることには違和感を禁じ得ないが、飛来してきたという表現は、浄妙寺が典型的な山寺ではないことを踏まえているのであろう。ここで注目すべきは、「王舎（平安京）に遠からず」と述べていることである（『本朝文粋《ほんちようもんずい》』巻第一三）。生身の釈迦が住む聖地霊山と一対の平安京と位置づけられているのである。聖地霊山については、この後、寛弘四年八月の藤原道長による金峯山での埋経《まいきよう》、同年十月の真言僧仁海《にんがい》による高野山大塔建立など、国内での設定が実際に進められる。これらは、王朝都市平安京の仏教が、奝然問題を契機に様変わりし始めたことと、一連の事態である。

浄妙寺や金峯山経塚の願文で、道長は「大日本国左大臣正二位藤原朝臣道長」と署名している。国名を冠しているのは、外国を意識しているからである。官位と姓（「朝臣」）は、天皇の臣下たることの明示である。天皇とその都に仏教色を濃くしつつ、摂関政治の構造を明確にしたのである。

緊張高まる東アジア政局

奝然問題の後、朝廷の外交判断と、源信らの願望とが結びついたのは、たまたま利害が一致したからではない。浄土教信仰が両者を結びつけたからでもない。背後にあった、東アジアにおける一触即発の軍事危機こそが、その真因である。北宋は、東アジアの政治世界で単独の盟主であったのではない。北東方の遊牧族、遼（契丹）の軍事力に圧迫されていた。両国の対立に、高麗国などの動向も加わり、日本に影響がおよんでくる。

長徳元年（九九五）、大勢の宋人（「唐人七十余人」「六十客徒」）が若狭《わかさ》に来航した。[6] そこには宋商朱《しゆ》仁聡《じんそう》や僧斉隠がおり、北宋の天台山僧源清から日本の天台座主暹賀や諸僧らに宛てた手紙二通のほか、交換する仏書ももたらされた。このとき源信は繋留先の敦賀《つるが》に出向いている。朝廷は朱仁聡の罪名などを議したといい、問題視されている。一方、乗船していた「太宋客羌《きよう》世《せ》昌《しよう》」（周世昌）には

「賓礼」をもって遇し、越前国司藤原為時《ためとき》は漢詩で応答した（『日本紀略』など）。羌世昌は、北宋皇帝真宗《しんそう》の国書をもってきた可能性がある。しかし朝廷は、源清への返牒《へんちょう》を作成したものの、真宗に応答していない。そして羌世昌は、こののち七年間抑留される。

その間、長徳二年（九九六）五月ごろ、石見国に高麗国人が来着した。日本側は糧を支給して返したものの、貴族らは異国人来着と疫病発生を結びつける伝統思考を募らせた。翌年五月、高麗国牒三通（日本国・対馬島司・対馬島各宛）が届けられた。警戒する朝廷は、「日本国をはずかしめるの句あり」という理屈で返牒を出さず、要害を警固した。「大宋国の謀略か」ともいっており、軍事的緊張を関知しつつあって、越前に抑留中の羌世昌らへの警戒を解かなかった。「近都国に寄せ来たる謀略なきにしもあらず」（以上『小右記《しょうゆうき》』）、つまり平安京への軍事侵攻をさえ思い描いている。

同年十月、奄美《あまみ》島人が肥前・肥後・薩摩などで略奪行為をはたらいているという報せがあった。朝廷内では、高麗国人の兵船は五〇〇艘だ、高麗を先鋒とする宋の謀略による軍事危機だ、などの浮説・誤認が飛びかった。しかし実際には、北宋も高麗も、日本を攻撃してきてはいない。宋の羌世昌は使節として来航しており、高麗は成宗十三年（九九四）に遼へ臣従して宋からの冊封を棄てている。おそらく羌世昌を送った北宋皇帝は、日本朝廷に対して臣従と兵力補給を求めたのであろう。高麗は、日宋の同盟成立による挟撃を回避するために、友誼を求める通牒を送ったのであろう。一連の事態は、北宋と遼の軍事対決が熾烈さを増してきたことに連動している。

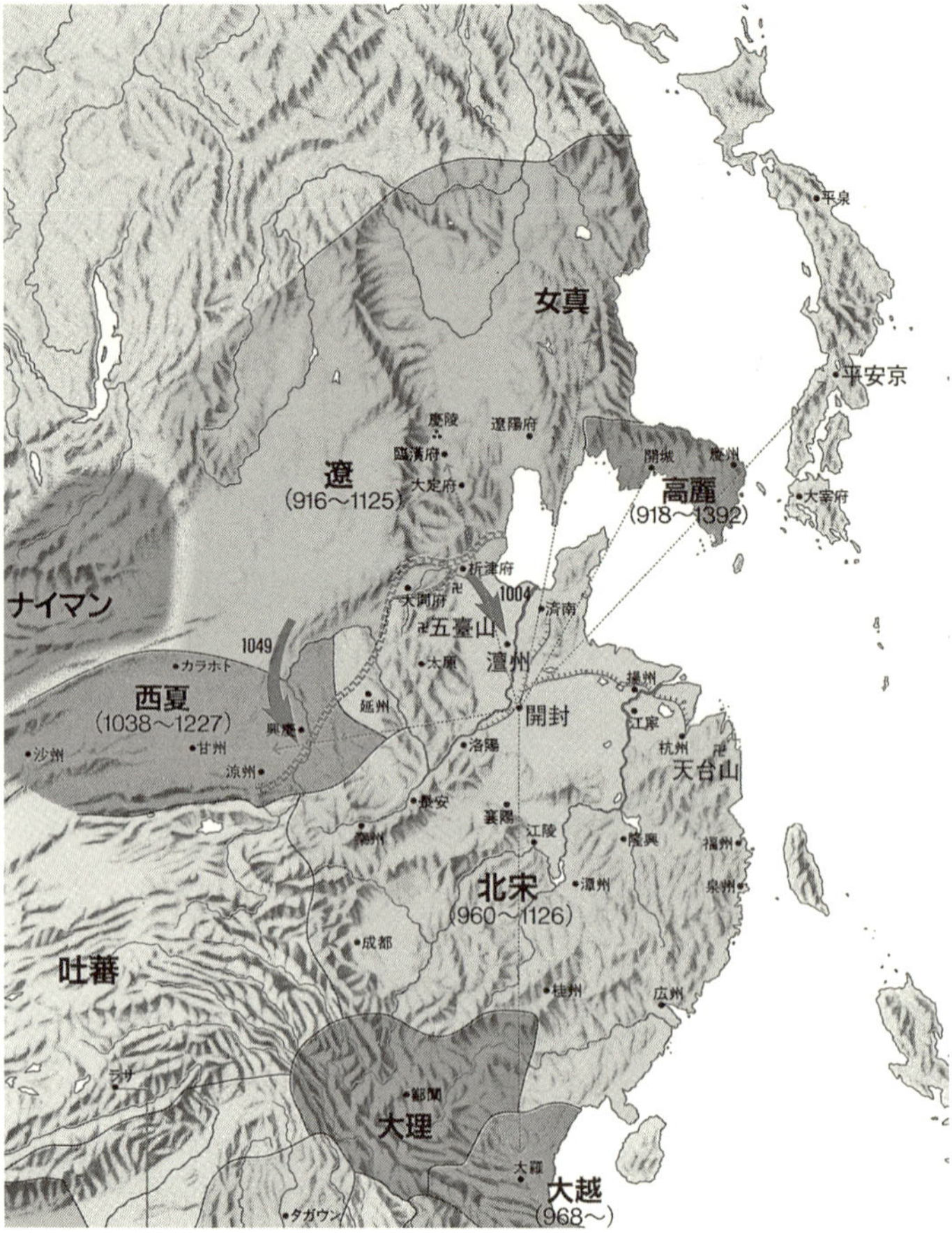

1000年前後の東アジア世界（『朝日百科66 日本の歴史』より）

この後、長保四年（一〇〇二）ごろにかけて、ようやく日本朝廷は、事態の真相を理解するにいたる。同年六月、自国の「苛酷」な状況から逃避してきた高麗国人から日本移住が申請された。七月に高麗人の件で、藤原道長を通じて「宣旨《せんじ》」が出されており、移住を受け入れたらしい。おそらく、情報を得ようとする段階だったのであろう。

同年内には、宋海商用銛《ようせん》の帰航船に乗せて、留めていた羌世昌を宋に送還した。この時羌世昌は、日本人滕木吉《とうぼくきつ》（不明、藤原為時とする説がある）を伴って帰った。滕木吉は、日本朝廷が認可して乗せた、実質上の外交使節であろう。北宋皇帝からの臣従要求への回答を避け、いわば予備折衝の体で切り抜けようとしたのかもしれない。しかし北宋皇帝は、ほかの外国使臣に対するのと同じく、滕木吉に「風俗」を語らせた。ただ特にこの時は、弓矢を射させて飛距離を試すなど（あまり飛ばなかったという）、日本の戦闘能力に関心をもっており、滕木吉は「国中戦闘を習わず」と答えたという（『宋史』外国伝日本国）。滕木吉は、長保五年（一〇〇三）に宋商用銛船によって送還されてきた。ここでかなりリアルな中国情報がもたらされたであろう。

しかも用銛は、かつての大江定基《おおえのさだもと》、出家して天台僧寂照を乗せて皇帝の下へ送った。寛弘元年（一〇〇四）春には、高麗東沖の迂陵島《うつりょうとう》から因幡国に一一人が来着するなど、事態は進行している。さらに翌年八月、宋商曽令文《それいぶん》が在宋中の寂照からの手紙を朝廷に伝えた。それを読んだ藤原道長は、「万里往来の書を憐れむべし」（『御堂関白記《みどうかんぱくき》』同年十二月十五日条）と述べている。ここにいたり、日本朝廷は、東アジアの不穏な情勢について、浮説や誤認をただし、事実とその深刻さを理解したのであろう。

澶淵の盟

進行していたのは、皇帝真宗率いる北宋軍と皇帝聖宗《せいそう》率いる遼軍の、全面衝突寸前の危機であった。両皇帝の親征軍が、両国国境近くの澶淵《せんえん》（澶州）で直接対峙する形勢にまでいたっていた。結果的には、ぎりぎりの和平交渉が成り立った。一〇〇四年十二月に結ばれた澶淵の盟がそれである。その和約の内容は、宋が毎年絹二〇万匹と銀一〇万匹を遼に贈る、というものである。この後一〇〇年あまりの、高麗・西夏・ウイグル・チベットを含む広域政治世界の比較的安定した関係の起点だと評価される、ひとたびの落着である。(7) ただ、後世からは落着にみえるが、同時代の危機的情勢は想像するにあまりある。日本朝廷内にも、現実をリアルに分析できた者ならば、対岸の火事にとどまらないことを認識したに違いない。北宋、高麗、南島などからの不穏な働きかけは、軍事緊張の波及であった。来着した外国人や入宋した滕木吉、また寂照らからの情報は、その現実を伝えていた。

源信らは、北地の五臺山とではなく江南の天台山との交流を進めようとした。江南では天台宗寺院が海商と結んで勢力をもっており、日本の源信らは海商を介した日宋天台宗の興隆を望んでいた。朝廷の権力中枢は、北地に首都開封を置く北宋と、東北方で強大さを誇る遼との、軍事紛争に巻き込まれることを恐れた。国家間外交を回避し、しかも対外交易の遮断ではなく、活躍する海域の商人を介して、江南から大陸の文物（唐物）や政治情勢を得ることが求められた。

左大臣藤原道長は、源信ら天台勢力の猛攻勢を受け入れた。長保六年（一〇〇四）六月二十二日と二十六日、藤原道長は、前月に権少僧都《ごんのしょうそうず》となった病身の源信に、見舞いの使者を送っている（『御堂関白記』）。翌年九月には、藤原行成《ゆきなり》に清書させた『往生要集』を受け取っている（『権記《ごんき》』）。すでに天台宗浄土教への選択意思を固めているのである。膂然の非主流化、五臺山仏教圏の相対視も、道長の心中にはほぼ明確である。王朝都市平安京は、摂関期仏教の拠点として、一層その輪郭と内実をあらわすことになる。

十世紀末から十一世紀はじめは、仏教史にとって、また日本史上での、一つの大きな節目である。その重大契機として、軍事緊張の高まる東アジア政局があった。藤原道長ら日本の権力中枢は、決して事態に敏感であったとはいえないが、その政治的選択が仏教史の新傾向にあらわれたことに、時代の特徴がある。平安京は、その主要舞台である。前章でみた京内の堂舎や京近接の寺院、また生身仏など、また次章で述べる浄土教寺院なども、この事情と結びついて出現した。摂関期の仏教は「国風文化」の一要素とみなされてきたのに対して、近年は「国風文化」そのものを東アジア史との関係で見直す研究が進んでいる(8)。実態は、「国風」か外来かといったこと以上に複雑であり、内在的な動向との関係を改めて問う必要もある。ともあれ、平安京における仏教史の動向は、藤原道長執政初期のころに、それまでの古代仏教とは一線を画す段階に入ったことを、確認しておきたい。

日本古代の仏教は、天皇を究極主体とする国家の権力事業として、八宗を寺院と僧侶に分担させせつつ統合する構造にあった。道長の段階には、摂関家が仏教事業の推進主体になり、八宗の中でも天台宗が摂関家との結びつきを強めて勢力を拡大した。しかもそこから、勅許による開宗という制度によらない浄土教の信仰実践が急成長した。

ただし、道長以後の仏教を中世仏教と呼ぶべきかどうか、なお慎重な判断が必要である。あらかじめ私見を述べれば、日本の中世仏教と呼べる内実は、院政期に成立する。それは、顕教と密教を一対の国家的位置に据え、社会勢力として成長した寺社の宗教活動をその秩序下で公認しつつ、それらを経済的・人的に支える荘園・公領の被支配人民に仏教信仰を受容させる、という仕組みをもっている。

歴史の道筋を復元考察する場合、たどり着いた時点からさかのぼってその起点らしきものと結びつけ、再び時間軸にそくして起点と終点を一本の必然経路と見なしがちである。しかし実際、歴史がどう進むかは、その時代がもつ制約条件の範囲内でのことながら、いくつもの可能性があったはずである。予定調和的な必然として摂関期と院政期を結びつけるよりも、その過程における人間の意思や不可測の外在的な要因などを、順次たどってみたい。

第四章　院政期仏教の創出

平安京と地方諸国

中央と地方の関係が成立したのは古代国家形成によってであるが、外来文明の一種である仏教は、七世紀後半以来、中央から地方への一方向で移植され、受容された。各地の庶民が、「鎮護国家」といった中央権力の政治目的とは別に、日常生活の必要に即して自ら仏教を担う主体性は、意外にその出現が遅い。通説では、奈良時代には一般庶民の世界でも仏教が信仰されているというが、大寺院の外観を目の当たりにし、封戸《ふこ》や寺田などを下支えすることは、自発的な信仰と無関係である。地方の集落遺跡などに仏教遺物が見出されることも、外部から持ちこまれた可能性を軽視できない。何より今日まで、古代民衆の日常生活において仏教導入を意志的に選択する歴史的事情を、その必要水準において説明し得ていないと思う。私見だが、実際に、民衆が仏教を必要とする条件と契機は、十二世紀にはじめてあらわれる。古代仏教史研究の通説とはまるで異なるが、少なくとも十二世紀の画期性については、民衆仏教という観点からも再考すべきことがあると思う。このことは、Ⅲ部第二章で改めて述べる。

任地に赴く受領一行（『因幡堂薬師縁起絵巻』東京国立博物館所蔵，Image：TNM Image Archives）

摂関期の仏教は、なお平安京を発信源として、場合によっては地方にもちこまれたものである。平安京の仏教は、国内の事情で展開しただけでなく、東アジア諸国の仏教動向にも影響されて変化した。ただ一方では、中央集権制がゆるんだ摂関期には、都鄙《とひ》間交通の双方向的な進行もあって、地方統治の権限を強めた受《ず》領《りょう》（国司）を一つの媒介にした、平安京と諸国の仏教交流が進む。また、中国仏教の影響についても、元三河国司大江定基《おおえのさだもと》が僧寂照《じゃくしょう》として入宋した例は、受領を介した平安京と外部世界の仏教交流の、一変則形式という見方もできる。

摂関期から院政期にかけて、平安京の仏教史動向は、地方諸国や東アジア諸国との関係で、どう推移したのか。そのことをこの章で探りたい。

受領が担う新しい仏教

受領は、五、六位ほどの下級であるとはいえ、平安京を本拠地とする貴族である。任地では、公益・私益入り混じる収奪のほか、地元の寺社を丁重にまつる職務もあった。摂関期ないし院政期の受領への職務心得というべき『国務条々』は、全部で四二ヵ条ある（『朝野群載《ちょうやぐんさい》』巻第二二）。その最後の条は、「一、験者《げんざ》ならびに智僧侶《ちそうりょ》一両人を随身《ずいじん》すべき事」とあり、「人の世にあるや、無為たること能《あた》わず。国のために祈禱を致し、我のために護持をなせ」と説明している。生きていく上で、何もしないで済むはずはないから、験者や智僧侶とともに仏式の祈りを行ない、自衛に備えよというのであろう。一つ前の条では、「堪能の武者一両人を随身すべき事」として、人心が「虎狼」のようになった当世には実力ある武者を守りに雇うべきだという。一対の両条から、僧侶と武者は都人に仕える存在だとみなされていることがよくわかる。ともあれ受領は、自らの赴任に際して、平安京の仏教を「虎狼」の住む任地に持ちこむことになる。

この件について、『今昔物語集』には、十二世紀初頭以前の様子を伝える説話がある（1）。安房守高階兼博《あわのかみたかしなのかねひろ》（不詳）は、任国への下向に際して、子の信誓阿闍梨《しんぜいあじゃり》を連れて行った。信誓は、比叡山《ひえいざん》で学び丹波《たんば》国でも修行した台密《たいみつ》の法華経持者《ほけきょうじしゃ》であった。安房国では、「威勢限りなくして、国人頭《こうべ》を低《かたぶ》け敬うこと限りなし」という様子だった。高階兼博夫妻は、疫病にかかって死んだのだが、信誓の祈りによって蘇生したという（巻第一二の第三七）（2）。

伊予守藤原知章《ともあき》（九九五―九九九年のころに任命）は、任地への下向に際して、比叡山僧の清尋供奉《しょうじんぐぶ》を「祈りの師」として伴った。特別の房で修法《しゅほう》などを行なう清尋に対して、地元の者たちは限りなく敬ったという。伊予にいたある日、かつて忽然《こつぜん》と修行に出た師僧の長増《ちょうぞう》と、東の間の邂逅《かいこう》を果たした。「門乞匃《かどかたい》」として念仏していた長増は、後に願いのごとく極楽往生し、阿波はもとより四国の人々から供養を受けた。これら諸国は「つゆ（少しも）功徳《くどく》つくらぬ国」だったので、仏は乞食僧として人々を導いたのであろう、とさえいわれた（巻第一五の第一五）(3)。

比叡山僧心懐《しんかい》は、美濃守（名不詳）の任地下向について行ったところ、守の妻の乳母によって養子とされたことで、世俗の力をつけた。国の人は心懐を一供奉と呼んで恐れおののいた。当時、美濃国では疫病がはやったので、国の人は国府に近い南宮で百座の仁王会《にんのうえ》を計画し、名僧として知られた比叡山出身の懐国《かいこく》供奉を惣講師として呼んだ。ところが、受領の威を笠に着る心懐は、従僧らと現場に乗り込んで実力によって懐国供奉を追い出し、講師の役を勝手に勤めたあげく、布施《ふせ》をすべて自分のものにした。しかし、受領が任期を終えて京に帰った後、後ろ盾を失った心懐はすぐに落ちぶれ、仏罰によって重病にかかり、都に近い清水坂あたりで死んだ。後一条天皇の死去（一〇三六年）より後のことである（巻第二〇の第三五）。

右の三話は、受領の従僧が任国でもつ影響力の強さを示している。また、『法華経』の受持や極楽往生のための念仏実践という、天台宗の新傾向が諸国にもちこまれていることをうかがえる。また、受領従僧が担う仏教が、国府で催す旧来の鎮護国家仏事をしのぐ趨勢《すうせい》にあることも、察知できる。

受領の実力による天台仏事の導入例は多い。越中国の下級官吏たる書生《しょしょう》の妻は、死んで地獄の猛火に焼かれる苦を受けていたが、三人の息子は『法華経』一〇〇〇部（一部は八巻）を一日に書写供養することで救われて往生することを知り、結局は受領の協力で実現する。能登・加賀・越前・越後など「縁々に触れて勧む」、つまり国司の政治力による参加動員を勧進《かんじん》という形式で理念づけ、たった一日で八〇〇〇巻の写経を成しとげたというのである（巻第一四の第八）。比叡山僧も証言したというこの事業について、写経への参加形態などは詳しく語られていないが、受領が天台宗普及を推進した構図は確かである。

迎講《むかえこう》をもちこむ受領もいたらしい。丹後守大江清定《きよさだ》（一〇四八年に就任）は、極楽往生の願い切なる地元のある聖人に力を恃《たの》まれ、丹後国で迎講を始めた。迎講では、阿弥陀如来《あみだにょらい》を中心に、観音菩薩《かんのんぼさつ》や勢至菩薩《せいしぼさつ》などが現世に来迎《らいごう》して、念仏往生者を極楽に連れて行くさまが、模擬的な儀式として演じられる。受領清定は、「京より舞人・楽人なんど呼び下して」とり行ない、聖人の願望をかなえた（巻第一五の第二三）。浄土教が平安京から地方にもちこまれたことを、典型的に語る例である。

地方出身の僧が比叡山で学び、郷土に帰る例があることは、三河国出身の僧真遠《しんおん》などにも見られる（『大日本国法華経験記』巻中の第七一、『今昔物語集』巻第一七の第四一）。ただ、平安京の新しい傾向の仏教を、組織的に地方へ導入する役割を果たしていたのは、やはり政治力ある受領であった。

受領、仏像をもち帰る

寛弘二年（一〇〇五）に因幡《いなば》国司として赴任した橘行平《たちばなのゆきひら》が、現地で得た霊木をもち帰って、帰京後に薬師如来像を彫刻させて京内の因幡堂にまつったことは、I部第二章で述べた。橘行平は、前任者藤原惟憲《これのり》の官物隠匿を暴くなど、悪徳受領ならぬ良吏であったらしい。ところが、惟憲と結託した地元旧族の因幡介因幡千兼《いなばのちかね》を、行平（のおそらく郎等《ろうとう》）が殺害する事件をひきおこしてしまい、後に因幡千兼の鎮魂供養を目的として自邸に薬師仏を安置したという真相推定がある。(4) 具体的な史実を背景にもつが、縁起では、因幡堂を公共的な信仰対象とするために、「仏生国」（インド）から漂着した薬師如来が自ら橘行平邸に飛来したと説明したのである。

但馬《たじま》国守（姓名不詳）は、山寺の毘沙門天《びしやもんてん》が「法花の持経者」（『法華経』を暗誦して修行する僧）に襲いかかった牛頭鬼《ごずき》を切り殺したという話を聞いて、その毘沙門天像を京に迎えてまつった（巻第一七の第四二）。時代設定は不明だが、山寺は、「起《たち》て後、百余歳を経《へ》にけり」とある。この話は『大日本国法華経験記』巻中第五七から取られているから、その成立年たる長久年中（一〇四〇―四四）より一〇〇年以上前、およそ九世紀ごろが想定されているのであろう。毘沙門天（多聞天）像をはじめ、四天王像が本尊を守護する山寺は、薬師悔過《けか》や四天王法によって鎮護国家を祈る古代寺院として理解できる。受領はそこから一体を持ち帰ったのである。(5)

右の二例は、受領の任国から京に仏像がもたらされたと語る。ただ、地方側が仏像を都に送る、といった主体性はないであろう。受領側が、任意に現地から入手しているのである。それは、能登守が国内の仏神をよく崇《あが》めたことによって、田畠からの収税のみならず、震旦《しんたん》（中国）の難破船から出た漂流物をも入手できたといった話のように（巻第二〇の第四六）、貴族側の一方的な意味づけである。地方国は、平安京の新しい仏教と関連づけられているが、双方向的な影響関係があったのではない。物質的な基盤であり、信仰するごとく自発的に服従してくるべき統治対象であり、平安京の新しい仏教を際立たせる裾野であった。

ただ、地方勢力の怨みを慰める因幡薬師と、疫病神たる牛頭鬼を切り殺した但馬国の毘沙門天とには、御霊《ごりよう》を恐れる貴族の思想が反映している。御霊の背後には、為政者に対する屈折した抵抗が存在するかもしれない(6)。この点はⅢ部第二章で述べるが、まずは留意しておきたい。

受領大江定基と入宋僧寂照

受領大江定基と入宋僧寂照は同一人物である。前章では、僧源信《げんしん》らの指示を得た寂照が入宋したことに触れた。寂照が出家したのは永延二年（九八八）四月である（『百練抄《ひやくれんしよう》』）。俗名は大江定基で、文《もん》章博士《じようはかせ》の一門に生まれ、蔵人《くろうど》、図書頭《ずしよのかみ》、従五位下となった（『尊卑分脈《そんぴぶんみやく》』大江氏）。父斉光《ただみつ》や弟成基《なりもと》は近江守、兄為基《ためもと》は摂津守、いとこの匡衡《まさひら》は尾張守、そして定基は三河守になっている。在任期間は不明だが、出家する少し前のことであろう。後にも「三河入道寂照」と通称され、受領としての経歴がこの人物に離れがたい個性を印象づけていたようである。

三河守大江定基の史実は何もわからない。当時の三河国司には、「国の中に居るところの僧俗貴賤は皆国司の領するところなり」と威張る者がいたというが（『大日本国法華経験記』巻中の第七一）、定基の構えもあまり違わなかったのではなかろうか。『今昔物語集』(巻第一九の第二)の説話だが、定基は、三河国の人々が「風祭」で、生きた猪や雉《きじ》を生贄としてさばく残酷な風習に耐えられず、「道心」深めて「速《すみやか》に此の国を去なむ」と考えたという。また出家する直接の動機は、三河国赴任に連れて行った愛人が現地で病死し、美麗な姿も無情であると悟ったことにあるという。任国の野蛮さが語られる一方、地方政治と無関係の私的な煩悩の解消手段として、仏教の意味が述べられている。

受領が帰京後に出家する例は、珍しくはなかったであろう。一条天皇時代の高階明順《あきのぶ》は、筑前守としての任期を終えて帰京した後、出家して「筑前入道沙弥《しゃみ》乗蓮《じようれん》」と通称され、持仏堂で天台宗の念仏などの作善に勤しんだという(『大日本国法華経験記』巻下の第九五)。三河入道も筑前入道も、平安京の貴族社会と絶縁して信仰生活に閉じこもったわけではない。様々な例があったと想像されるが、特に寂照の場合は、朝廷に仕える下級貴族の役割を放棄していない。むしろ、入宋僧として北宋朝廷との政治折衝にあたる任務を買って出るために、出家したのである。国内の諸国へではなく、異国への赴任という特別の性格をもつが、やはり根は朝廷を下支えする実務家である。

寂照は、長保五年(一〇〇三)八月に、七人の僧を従えて渡航した。実務経験ある文人学者で、天台僧からも親任されている寂照は、日本朝廷の使命を帯びて入宋した。北宋朝廷に接して、僧侶としての入貢に留めることを示しつつ、北地の動向を本国に伝え、江南の天台勢力ならびにそれと結ぶ海商との関係を良好にするというのが使命の内容であろう。その後、寂照は、何度か京都の朝廷に消息を送っている。藤原道長《みちなが》は、寛弘二年（一〇〇五）十二月にはじめて手にして「万里往来の書」だといい、寛弘九年九月には「天竺《てんじく》観音一幅」や「大僚（遼）作文一巻」とともに閲覧した（『御堂関白記《みどうかんぱくき》』）。万寿四年（一〇二七）にも受け取っている（『百練抄』）。藤原道長らは、寛弘四、五年や長和二年（一〇一三）に、寂照の帰国を促す手紙を送っているが、従属要求を断った使僧の帰国は許されなかった。寂照は長元七年（一〇三四）に杭州《こうしゅう》で死んだという（『続本朝往生伝』）。この間、江南の蘇州《そしゅう》呉門寺に住むことになった寂照は（『楊文公談苑《ようぶんこうだんえん》』）(7)、天台僧らと交流し、海商とも交信したであろう。平安京への通信は頻繁とはいえないが、朝廷にとって、北宋を通じて諸国の動静を知る手がかりではあったはずである。

浄土教の旗印、法成寺阿弥陀堂

十一世紀の初頭以来、藤原道長を中心とする平安京の権力中枢は、中国江南の天台勢力との共同歩調を意識しつつ、浄土教色の強い仏教政策に傾いた。「国風文化」の時代と考えられがちだが、北宋と遼の軍事対立を焦点とした国際動向は無視できなかった。寂照からの情報に期待されたであろうが、やはり少ない外交チャンネルのもとで、全く不測の事態に遭遇することとなった。女真《じょしん》海賊からの襲撃事件（刀伊《とい》の入寇《にゅうこう》）がそれである(8)。

女真は中国大陸の東北方、ツングース系の遊牧民である。靺鞨《まつかつ》の後身で、八世紀以後は渤海《ぼっかい》の支配下にあり、十世紀には遼に帰属したが、独自性を保つ諸部族からなっていた。女真海賊の根拠地は、

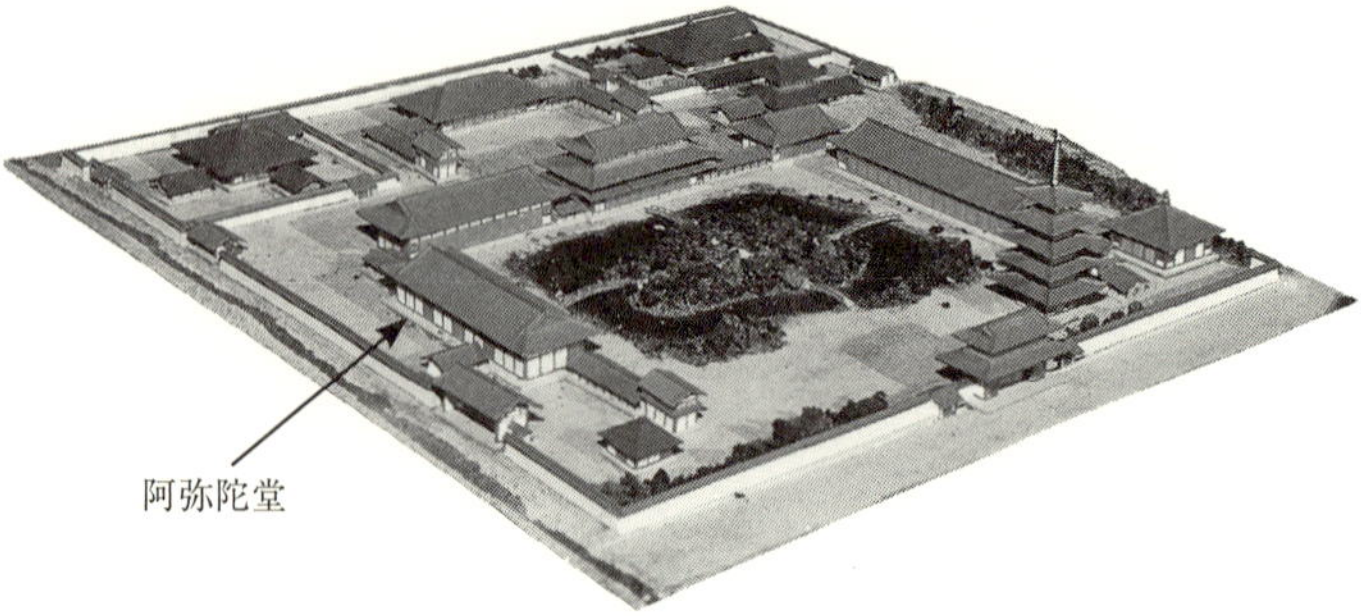

法成寺全景の復元模型（京都市歴史資料館所蔵）

現在の咸鏡南道の咸興平野である。[9] その兵船は、南下して高麗国の東岸を荒らしつつ対馬にいたった。主に『小右記《しょうゆうき》』によれば、日本への来寇は、寛仁三年（一〇一九）三月末から四月十三日までの間のことである。五〇艘あまりの兵船で対馬を襲い、ついで壱岐、そして筑前国の怡土《いと》・志摩・早良《さわら》三郡、さらには肥前国松浦郡を荒らした。博多湾とその近辺では、権帥藤原隆家《たかいえ》の指揮下で兵士が激しく防戦し、刀伊軍はもと来た方へ退いていった。

　四月十七日になって、大宰府《だざいふ》からの急使が書面によって事態を伝えた。朝廷は、大宰府に防禦の指示を送る一方、神事・仏事による沈静化をはかった。六月二十九日にいたり、大宰府からの解文《げぶみ》（六月二十一日付）にもとづいて防戦の実態を知った朝廷では、功績者のことなどを議した。伝えられた被害は、壱岐・対馬・筑前で一〇〇〇人以上の略奪、数百人の殺害、牛馬の損害だったという。七月十三日付の大宰府解を受けた朝廷は、折り返し高麗や刀伊への厳重な警戒を指示した。藤原隆家からの大宰府解は、八月某日と九月某日にも送られた。情報が到着するたびに、朝廷では会議を開いており、戦闘終結後しばらくは緊張が続いたであろう。

刀伊の来襲については、平安貴族を驚かした外寇として、また東アジア世界の対外関係史の一部として、よく知られている。しかし、平安京の権力中枢が身近に浄土教寺院を急造する直接の引き金であったことは、あまり知られていない。

藤原道長が阿弥陀堂の新造を発起したのはまさにこのころである。側近の政治家、藤原実資《さねすけ》すら「入道殿忽《たちま》ち発願すと云々」と受けとめ、日記の末尾には「摂政（藤原頼通《よりみち》）甘心せずと云々」とも書き加えている（『小右記』寛仁三年〈一〇一九〉七月十七日条）。丈六《じょうろく》金色阿弥陀如来像九体などのほか、受領たちの責任で十一間堂《じゅういちけんどう》を造らせるらしく、しかもすでに工事は始まっているという。日記を書く実資は、あまりの突然さと強引さを又聞きして、驚きと嘆息をこめて「云々」とくり返している。阿弥陀像は早くも十一月三十日に完成し、即日開眼された（『左経記《さけいき》』）。『栄花《えいが》

法界寺阿弥陀如来像（法界寺所蔵）

物語《ものがたり》』「うたがひ」には、「さまさまにおほしおきていそかせたまへは、よのあくるも心もとなく、日のくるるもくちをしくおほされて」、築庭にいたるまで督促した道長の姿が描かれている。そして、翌年三月二十二日に、諸宗から一五四僧を集め、公卿たちと太皇太后彰子《しようし》・皇太后妍子《けんし》・中宮威子《いし》を参加させ、無量寿院《むりようじゆいん》として完成の仏事を行なった。宮中の御斎会《ごさいえ》に准じる公的扱いにより、大唐・高麗の舞を添える盛大さで、夜には六〇僧が念仏を唱えた（『御堂関白記』『左経記』『諸寺供養類記』）。

なお、『栄花物語』「もとのしつく」は、九体阿弥陀仏の供養を急ぐ道長のもとに、女真海賊撃退の先頭に立った藤原隆家が急ぎあらわれ、唐物（「いみじきからのあやにしき」）を献上したと述べている。女真海賊は短期間で撤退したが、不安は続いていたはずである。阿弥陀堂が完成した年の閏十二月二十九日には、「南蛮賊徒」が薩摩国に来て人民を連れ去ったという連絡が大宰府より届いた。この大宰府解は、左大臣藤原顕光《あきみつ》、ついで関白藤原頼通へ、そして無量寿院にいた藤原道長に報告された（『左経記』）。

道長は女真海賊事件の直前、寛仁三年（一〇一九）三月二十一日、胸病の発作に不安を抱いて急ぎ出家した。晩年の健康問題や群盗・疫病といった社会不安が、阿弥陀堂を造って極楽往生を準備した理由だといわれる。否定はできないが、道長の脳裏から現実の政治問題は消えていないと思う。澶淵《せんえん》の盟下に、断片的に届く大陸情報をもってしては理解しえない刀伊来襲の衝撃に、過剰反応したといえなくもない。とはいえ、かつて京都南郊に建てた浄妙寺とは違い、無量寿院は、権力中枢が権力拠点に建設した浄土教寺院である。日本朝廷は、実質的に、浄土教の旗印を平安京に立てたことになる。

平安京出身の密航僧

朝廷は対外的な関心をもっていたが、官吏を使節として派遣しなかった。貿易品と情報をもたらす海商に対しては、頻繁な来航を許さず大宰府を中心とする管理下に置くこととした。天皇の臣下というより仏の弟子たる僧侶の場合、仏教聖地への巡礼を目的として入宋すれば、現地の行政管理下に置かれるとはいえ、皇帝と天皇との公式外交の使節とはみなされなかった。奝然《ちょうねん》はその例にあたる。天皇の国書を皇帝に献じた遣唐使や、その一員として同行した入唐求法僧（玄昉《げんぼう》、最澄《さいちょう》、空海《くうかい》など）とは、政治的な位置づけが異なるのである。

ただし、日本僧の入宋には、やはり朝廷の許可が必要であった。奝然も寂照も、朝廷に申請している。ところが、奝然やその弟子嘉因《かいん》の入宋には、大宰府に出国手続きを促す太政官符《だいじょうかんぷ》がもたされたが、寂照には公証が与えられなかった。寂照は少なくとも二度申請している。大陸の政治情勢に不安を感じていた藤原道長らは、躊躇したのである。しかし寂照は、平安京の貴族らに盛大に見送られている。結局は来航中の宋商船で半ば強引に出国したのだが、実は直前に藤原道長の了解を取りつけたようであり、黙認という体裁であった。違法とされなかったことは、入宋した寂照とのやりとりによっても明白である。この後、朝廷が入宋僧に公証を発給する例はない。ただ、密航僧が貴族の期待を負うという変則的な例が生まれた。

成尋

成尋《じょうじん》は、園城寺《おんじょうじ》系の天台僧で、平安京の北郊、岩倉大雲寺《いわくらだいうんじ》の寺主であった。(10) 父方は不明だが、母は権中納言　源　俊賢《みなもとのとしかた》の娘であり、藤原道長、頼通を支えた貴族の一員である。成尋は七歳で出家したとはいえ、頼通の嫡男師実《もろざね》の護持僧をつとめ、後冷泉《ごれいぜい》天皇や頼通の病気平癒を祈るなど、平安貴族の構成員とみることができる。

成尋は、志願して延久四年（一〇七二）三月に、七人の随行僧とともに六十歳で入宋した。延久二年正月十一日の申文で渡航申請しているが（『朝野群載』巻第二〇）、許可された形跡はない。故後冷泉天皇の書写経を皇太后寛子《かんし》から託されるなど、上級貴族らも支援したはずだが、了解はしても官許しなかった。後に成尋が帰国僧に託した『参天台五臺山記《さんてんだいごたいさんき》』によると、宋商船に渡航料を支払って肥前国松浦郡壁島から密航したのだった。杭州に上陸し、天台山を巡礼した後、上京して神宗《しんそう》皇帝に拝謁している。皇帝から平安京の里数を問われて「九条、三十八里（町のことか）」、人屋数を問われて「二十万家」と答えている（『参天台五臺山記』熙寧五年〈一〇七二〉十月十五日条）。この問答には京が国家の相貌を代表するという意識がにじみ出ている。成尋は、許されて五臺山を巡礼し、再び入京した。翌年には、京内諸寺を巡礼したほか、新訳仏書などの印刷・購入の注文に勤しんだ。その六月、帰国許可を得た弟子五人に仏書四一三巻や仏像などをもたせ、乗り込んだ宋商　劉琨《りゅうこん》の船を見送った。

この間に成尋が開封《かいほう》で入手した仏書や仏像には、空海がもたらしたいわゆる純密（中期密教《みっきょう》）より後にあらわれた、後期密教の新奇な特徴がめだつ。『大乗荘厳宝王経』（インド僧天息災が九八三年に漢文訳）や『聖六字大明王陀羅尼経』（インド僧施護が九八八年に漢文訳）などである。同じく開封では、宋だけでなく遼や西域の僧たちとも接触している。中には、釈迦の出身地たる王舎城が異教徒によって滅ぼされた、といったことを聞かせる者もいた。しかし成尋は、「北地に天台宗の人なし」（『参天台五臺山記』熙寧六年三月三日条）という感慨を抱き、再び天台山に行くことを申請している。ただ、宋元豊四年（一〇八一）に開封で客死したというのも不確かで、江南から日本と交信した形跡もない。とはいえ、それゆえにこそ、成尋が帰国僧に託した文物と『参天台五臺山記』の情報は、朝廷にとって稀少で重要な意味をもった。

戒　覚

戒覚《かいかく》は、永保二年（一〇八二）九月に渡宋した延暦寺《えんりゃくじ》僧である。(11) 五臺山を巡礼した後、帰国する弟子僧一人に『渡宋記』を託し、短いながらも重要な情報を朝廷に伝えた。それによると、戒覚は「俗姓は中原、洛陽城《らくようじょう》（平安京の左京）の人」である。朝廷に出仕した後、天台僧として四〇年の修行を経て（六十歳過ぎか）、(12) 弟子僧二人とともに博多津から密航した。日本から帰国する宋海商劉琨の船に乗ったのである。明州《めいしゅう》に着岸して、五臺山と天台山への巡礼受入を願う正式の上表が認められ、皇帝の許可で都開封に向かった。宋で書式と内容にかなった申請書を用意することで、公式の巡礼僧に

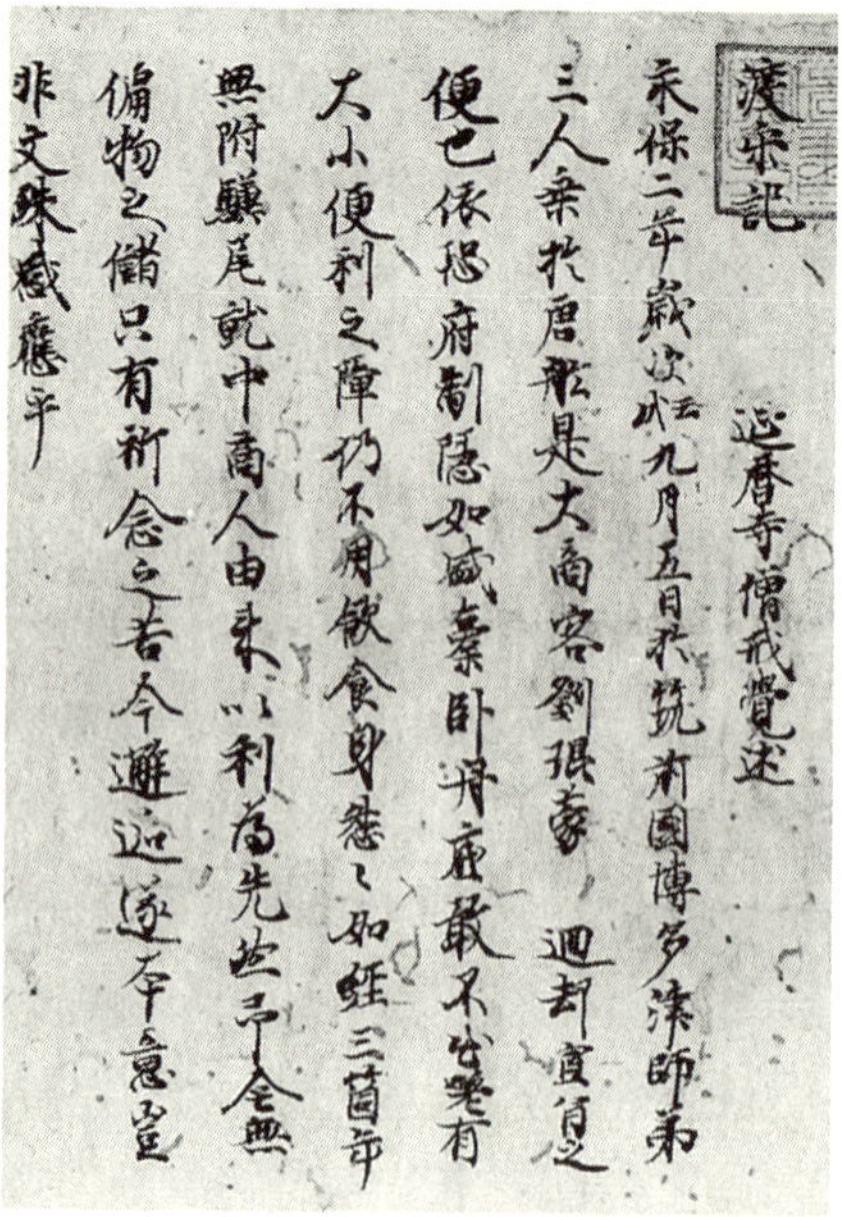
渡宋記
延暦寺僧戒覚述
永保二年歳次壬戌九月五日於筑前國博多津師弟
三人乗於唐船是大商客劉琨家　廻却宣旨之
便也依恐府制隠如盛嚢臥舟底敢不出聲有
大小便利之障仍不用飲食
無附驥尾就中商人由来以利為先
備物之儲只有祈念之者
非文殊感應乎

『渡宋記』（宮内庁書陵部所蔵）

なれたのである。

『渡宋記』には、開封で天竺僧から聞いた話として、菩提樹《ぼだいじゅ》や祇園精舎《ぎおんしょうじゃ》など仏教聖地が荒廃してしまったことを記している。この情報は、成尋が伝えた王舎城滅亡のことと同じく、日本側で関心をひいたに違いない。(13)それは、北宋朝廷にとっては、開封や五臺山こそ仏教の発信源だとする主張に結びつくが、日本では天竺軽視に直結しない。むしろ宋・遼・高麗などが、政治的対抗と同時に仏教事業を競い合う動向を認識し、それらを相対視する余裕を生む。このことは、少し後になって、日本仏教の自負形成が加速する前提となる。

明　範

明範《みょうばん》という僧がいた。出自や経歴など、ほとんど不明である。しかし寛治五年（一〇九一）に遼へ渡航し（『遼史』巻第二五、遼大安七年）、翌年大宰府に帰着した。宋海商劉琨を中心に、宋・高麗・日本の混成乗組員が遼にも通航し、その一員として活動したのであろう。

問題視した大宰府からの報告が、左右大臣や内大臣などの公卿が揃う陣定《じんのさだめ》で取りざたされた。すぐに平安京に召喚された明範は、検非違使《けびいし》に取り調べを受けた。そして、「初めて契丹《きったん》国の路に通」じて「兵具」を売り金銀の「宝貨」を得るなどの商行為が判明した（『中右記《ちゅうゆうき》』寛治六年六月二十七日、九月十三日条）。劉琨といえば、成尋の従僧を日本に送り返し、ついで戒覚の密航を幇助《ほうじょ》した船頭である。日本事情に詳しい海商と考えてよかろう。(14) 成尋従僧の帰国や戒覚の密航に関して、劉琨の活動は何ら問題視されていない。しかし、明範の件については、これも密航らしく、日本に帰国してから、私的渡航と兵器売却の罪で大問題となった。「武勇の聞《きこえ》」ある「胡の国《えびす》」での「兵具売却」は（『中右記』寛治六年九月十三日条）、法令違反という以上に、動乱の波及を恐れる朝廷の過敏な反応を呼んだのであろう。明範は、「商人僧」とみなされており（『中右記』寛治六年九月十三日、同七年二月十九日条）、求法や巡礼ではなく、商行為や文物輸入そのことを目的とする日本僧だったようだ。しかし、商人に付託すれば可能な商行為ではなく、僧侶としてこそ可能な仕事があったはずであることや、宋や高麗ではなく、ほかならぬ遼で活動したことは、目的と計画のある行為だったことを想像させる。

検非違使庁で拷問を受けた明範は、寛治七年二月になって、「師卿の使い」として遼に渡ったと白状した。その結果、前大宰権帥藤原伊房《これふさ》は従二位から一階を減らして中納言の職を解かれた（ただし伊房が大宰権帥の辞書を提出したのは寛治六年七月一日で、七月十八日に上洛している。『中右記』）。また、対馬守藤原敦輔《あつすけ》は従五位下の位記を没収された（『中右記』寛治八年三月六日、五月二十五日、二十八日条）。縁座して処罰された者は多いというが（『百練抄』嘉保元年〈一〇九四〉五月二十五日条）、明範の処遇については記録を欠く。「欲大弐」と呼ばれた藤原伊房は、傍若無人ぶりのこともあって、白河《しらかわ》上皇の「深く悪《にく》ませおはしますところ」であったといい、大宰府解によって明範の渡遼を朝廷に報告したにもかかわらず、かえって張本人として処罰された（『古談抄』）(15)。

史料上には書かれていないが、明範の購入品には、遼仏教の書籍が含まれていた可能性がある。すでに成尋や戒覚は遼仏教の情報を伝えている。遼では、大蔵経《だいぞうきょう》の刊刻や遼僧らの仏書著述などが皇帝権力下で推進されており、影響力は大きかった(16)。そして、明範を渡遼させた影の主体は、後期密教に関心を抱いた白河上皇であろう(17)。それは、白河院に密着して力を伸ばしつつあった真言密教僧の代表的存在、範俊《はんしゅん》（後の小野流の祖、権僧正《ごんのそうじょう》、東寺一長者、法務）が、北宋や遼の密教を参照して新修法を考案し、白河院に急接近していたが、まさにその弟子が明範であるらしいからである。範俊は、承暦四年（一〇八〇）十一月に、新修法たる如法愛染王法《にょほうあいぜんおうほう》を行なうが、その運営実務を担った者として、「大法師明範」の名が確かめられる（『四巻』「如法愛染王法」と『覚禅鈔《かくぜんしょう》』「如法愛染王法」の支度）。すでにこの段階で、白河院―範俊―明範というつながりがあったようだ。明範には、新種の遼仏教を探査する見識があった。結局明範は、拷問による自白の際、白河院からうとまれていた前大宰権帥藤原伊房に罪をなすりつけたのである。

表沙汰になることは避けられたが、白河上皇は、江南の天台宗ではなく、宋の北地や遼で養成されていた新種の真言密教に注目し、非公然と僧の渡遼を了解したのである。このころすでに、今日の通説によると、時代は院政期に入っている。摂関政治に対抗する白河上皇の政治姿勢や、天台宗優遇の抑制と真言密教重視としてもあらわれ始め、一部の真言僧の政治的振る舞いと結びつきつつ、平安京の仏教を様変わりさせる動きをみせ始めていた。明範事件の後、一〇〇年にわたって中国への巡礼僧も密航僧も表面から消える。国際政局を意識しつつも、国内の仏教政策を刷新する事業に権力が傾注されるのである。

仏都平安京への大改造

渡航僧がみられない時代にこそ、日本国内の仏教は一大発展する。中央では、御願寺《ごがんじ》や大権門寺院が発達し、諸国にはその系列下にある末寺なども根づいた。それらは荘園公領制という、土地制度を基礎とした社会編成と不可分の寺院秩序のもとにある。造寺、造塔、造仏、写経といった作善は、中央でも地方でも進展した。『大般若経《だいはんにゃきょう》』や『法華経』など、宗派を越えて用いられる経典群が重視される一方で、天台、真言、南都諸宗など、それぞれの寺院はいずれかの教義に重点を置いて活動し、仏事などでその個性を掲げた。朝廷は、封戸荘園の認否や僧位僧官の任免によって寺院や僧侶を行政管理するとともに、密教と顕教《けんきょう》の二大バランスで鎮護国家を祈らせた。貴族・侍・百姓の諸身分から出家者がうまれ、世俗社会と連携した仏教社会を営む諸集団が成立した。これらは、中世仏教成立期の骨格である。

以上のような動向こそ、日本における中世仏教の諸要素がひとまず出揃った姿である。その具体相については、平安京に焦点を絞りながら、次章以降でも詳しくとりあげる。

ただその前に、なお東アジアの政治動向について触れておきたい。実は、十一世紀に成尋・戒覚・明範らが見聞した東アジアの情勢は、十二世紀に入っていっきに流動化する。澶淵の盟で保たれた「平和」は瓦解する。北宋と遼の対立に、女真人が建国した金の急激な強大化が軸となり、東アジアは本格的な戦争状態になったのである。まさに死闘を重ねた激動は、対岸の日本朝廷にも波及しそうだった。痕跡に過ぎない史料を前にして、リアルな想像力が必要である。以下にその概略を示す。

一一一五年　　女真人が完顔阿骨打を中心に軍事力を強め、遼の支配から脱して金を建国した。以後十余年にわたり、東アジアの政局は、金の軍事制圧の動向を軸に流動する。

一一一七年九月　　前年大宰府にもたらされた「大宋国明州牒状」が朝廷に届いた。「知明州軍州事」と記されていた（『師守記《もろもりき》』貞治六年〈一三六七〉五月九日条、『異国牒状記』）。

一一一八年二月　　「大宋国商客」陳次明が、返牒《へんちょう》を要求したが、陳定で廻却することと決した（『中右記』同年二月三十日条）。

同年三月十五日　　宋商孫俊明《そんしゅんめい》らが来朝と帰順を促す宋国牒状（皇帝徽宗《きそう》からの国書）を届け、朝廷は対応について諸家に意見提出を求めた（『師守記』貞治六年五月九日条、『善隣国宝記《ぜんりんこくほうき》』巻上推古十五年〈六〇七〉条）。九月、宋より届いた牒状について、書体が

先例と違うことを理由に、返牒しないこととした（『異国牒状記』）。(18)

一一二〇年七月五日以前　宋商人荘永《しょうえい》・蘇景《そけい》ら、東大寺僧覚樹《かくじゅ》が依頼していた高麗国聖教《しょうきょう》をもたらした（東大寺図書館所蔵本『弘賛法華伝』識語《しきご》、『平安遺文』題跋編一〇四三）。

同年　北宋が金に提案していた遼挟撃の同盟が実現し、軍事行動が本格化した。

一一二一年三月　大宋牒に対して大宰府返牒を遣わした（『百練抄』保安二年三月二十六日条など）。

一一二四年　西夏《せいか》が金に服属した。

一一二五年　遼が金に滅ぼされた。

一一二六年　金軍が宋の都開封を陥落させた。高麗が金に服属した。

一一二七年四月　北宋が金に滅ぼされた。

同年十二月二十六日　大宰府から報告のあった「唐人四人来着」について、朝廷で議され追い返すこととした（『中右記』）。軍事動乱の帰趨が伝えられたはずである。

この後、大陸の北部を制圧した金と、北宋王族の一部が南遷して再興を自称した南宋との対抗が、東アジアの政治世界の主軸となる。しかし、宋金交代と表現される歴史の節目は、遼・高麗・西夏、そして日本を含めて理解する必要がある。

右に概略を示しただけでも、日本朝廷がこの激動に無知であったはずのないことはわかる。それ以上に、現実の対応が問題である。七世紀の白村江戦（六六三年）後に律令国家建設が課題となり、

院政期の白河あたり復元模型（京都市歴史資料館所蔵）

十三世紀のモンゴル来襲（一二七四年と一二八一年）後に鎌倉幕府の基盤強化がはかられたのと比べて、この節目の歴史的な特徴はどう理解されるべきだろうか。白河院政の専制化は一一〇六、一一〇七年ごろからだと指摘されている(19)。その前後の時期から、中世仏教をその一部とする中世国家の編成が、強引に推し進められていった。後でみるように、摂関期とは比較にならないほど、平安京ないしその周辺での造寺・造仏が推進される。その契機として、院の対外認識を考慮する必要があろう。いわゆる宋金交代は、白河院の最晩年にあたる。その特徴は、実に、仏都平安京の建設としてあらわされた。なぜなら、興亡激しい東アジアの諸国家は、世界宗教たる仏教の発信源とはなりえない。実際に北宋も遼も滅んだ。天竺の仏教はすでに実態がない。新たな発信源として、仏都平安京の建設が現実課題となった。つまり、独善的で一方的な仏教帝国理念が、中世国家確立期の特徴である。

この章の最後に、以上のように考える根拠の一部として、まずは白河院の死去をはさむ大治年間に限り、平安京とその近辺における造寺・造仏の事業を、抜粋して年表風に示す。ざっと眺めてほしい。造寺・造仏のピークであると指摘されてきたが(20)、その歴史的意味は、国際政局を意識した院権力の事業が、仏都平安京への大改造としてあらわれたことにある。

大治元年（一一二六）
三月七日　白河院と鳥羽《とば》院、白河新御願三重塔を供養した。また法勝寺《ほっしょうじ》金堂で愛染明王像一〇〇体を供養した。人々に造立が配分されて一八〇体が完成した。講堂には同身金色観音菩薩像一〇〇体を安置した〔永昌記《えいしょうき》〕。
六月十五日　三条殿で小塔を供養した〔御室相承記《おむろそうじょうき》〕。
九月八日　白河院、白河で丈六仏像三体を供養した〔中右記目録〕。
十一月十三日　白河御願寺を棟上げする〔中右記目録〕。

大治二年（一一二七）

一月十二日　円勝寺《えんしょうじ》五重塔を供養した。塔中に仏像八体を安置した〔中右記・百練抄・法則集〕。
三月七日　白河院・鳥羽院・女院（鳥羽中宮璋子《しょうし》）、法勝寺薬師堂で丈六の六字明王像七体を供養した〔中右記〕。
三月十日　鳥羽院、等身三仏を供養した〔中右記〕。
三月十二日　白河院と鳥羽院、法勝寺愛染王堂と丈六愛染明王像三体・等身愛染明王像一〇〇体を供養した。また金堂で七宝塔と小塔一万基を供養した〔中右記・中右記目録〕。
三月十九日　白河西三重塔を供養した。法勝寺金堂で丈六大威徳明王《だいいとくみょうおう》像一体と等身大威徳明王像一〇〇体を供養した。三条殿で仏像数体を供養した〔中右記〕。
四月二十三日　鳥羽院、法勝寺金堂で等身正観音像一〇〇体・半丈六像一体を供養した〔中右記〕。
六月二十四日　白河院と鳥羽院、法勝寺で愛染明王像を供養した〔中右記〕。
七月六日　白河院・鳥羽院・女院、三条東殿で百仏を供養した〔中右記〕。
七月十四日　白河院・鳥羽院・女院、東殿で不動明王像一〇〇体・不動明王絵像一〇〇〇体を供養した〔中右記〕。
八月二日　女院、七仏薬師如来像を供養した〔中右記〕。

八月十四日　白河院、女院出産の祈りとして仏像数体を供養した。白河院・鳥羽院・女院、東殿で仏像数体を供養した。白河院、白川伊豆堂で女院出産の祈りとして仏像二〇〇体あまりを供養した。西泉殿で仏像を供養した〔中右記〕。

八月二十六日　女院の祈りとして仏像を供養した〔中右記〕。女院は九月十一日に雅仁（後の後白河天皇）を出産した。

九月二日　白河院御所で一日の中に仏像を作り供養した〔中右記〕。

十月十七日　左大弁藤原為隆、坊城に丈六堂（阿弥陀如来像・薬師如来像・不動明王像・五尺四天王像安置）・懺法堂《せんぼうどう》（七宝塔安置）・鐘堂を供養した〔中右記〕。

十一月十三日　白河院、愛染明王像一〇〇体を造り始めさせた〔中右記〕。

十一月十八日　中納言藤原顕隆、八条堂（丈六五大尊像安置）を供養した〔中右記〕。

大治三年（一一二八）

三月十三日　白河院・鳥羽院・女院、円勝寺を供養した〔中右記目録・百練抄〕。

三月十六日　白河院、法勝寺で仏像一〇〇体を供養した〔中右記目録〕。

七月二十日　鴨御祖社《かもみおやしゃ》東塔を供養した〔中右記目録〕。

九月八日　仁和寺観音院宝塔を供養した〔法則集〕。

九月二十八日　白河院、法勝寺で小塔一八万余基を供養した〔中右記目録など〕。
十一月十日　白河院・鳥羽院・女院、最勝寺で仏像を供養した。女院、円徳院多宝塔を供養した〔中右記目録、百練抄〕。

大治四年（一一二九）
一月十五日　大治二年十二月二十八日以来造立してきた泥塔《でいとう》三万七一〇〇基の供養を結願した〔『覚禅鈔』「造塔法」〕。
一月十八日　白河院、三条西殿で仏像を供養した〔中右記〕。
一月三十日　白河院の不快のため、白檀《びゃくだん》愛染明王像と等身愛染明王像を供養した。今宮の護仏二体を供養した〔長秋記《ちょうしゅうき》〕。
二月二十四日　白河院の祈りとして御同体愛染明王像一〇体・不動明王像一体を供養した。女院のため三尺七仏薬師像・尊勝《そんしょう》孔雀《くじゃく》明王《みょうおう》像・半丈六愛染明王像・同身五体尊像を供養した。鳥羽院のため同体尊勝像・十二臂延命像・不動尊像と愛染明王像を供養した〔長秋記〕。
三月十二日　鳥羽院のため御同身延命絵像一〇〇体を供養した〔長秋記〕。鳥羽院のため十一面観音像一〇〇体を供養した〔中右記〕。

三月十九日　鳥羽院のため孔雀明王像と新写『大般若経』を供養した。白河院、証菩提院で九体阿弥陀仏像を供養した。女院のため五体尊像と愛染明王像を供養した（中右記・長秋記・百練抄）。

三月二十二日　女院出産の祈りに御等身延命絵像一〇〇体と愛染明王像を供養した（中右記）。

三月二十四日　女院の祈りとして愛染明王像三五体と宝塔一基を供養した（中右記・長秋記）。

五月十三日　女院出産の祈りとして延命絵像一〇〇体・半丈六尊勝木像・御同身愛染明王像五体・愛染明王像一〇体・小塔を供養した（長秋記）。

五月二十五日　女院出産の祈りとして等身愛染明王像一〇〇体を供養した（中右記・長秋記）。

五月二十七日　女院出産の祈りとして仏像と孔雀明王絵像を供養した。五大尊像と不動尊像一〇体を供養した（中右記・長秋記）。

六月四日　女院御産の祈りとして不動明王像一〇〇体・五大尊像・尊星王像・金剛童子像・金輪像を供養した（中右記・長秋記）。

六月十九日　女院出産の祈りとして薬師如来絵像一〇〇体を供養した（長秋記）。百座仁王会で、崇徳《すとく》天皇の御簾《みす》中に御等身五大力像をかけ、一〇〇仏像を南殿障子にかけた（中右記）。

六月二十六日　女院出産の祈りとして、六字明王絵像一〇〇体・丈六尊勝像・等身愛染明王像・

七月二日　七仏薬師像・半丈六尊星王像・御等身愛染明王像一〇体を供養した〔中右記・長秋記〕。

七月六日　女院の祈りとして仏像一〇〇体を供養した〔永昌記・中右記〕。

七月七日　女院御産の祈りとして例のごとく一〇〇体、一〇体、二〇体、三〇体の仏像を供養した。二条御所で白河院息災のため丈六愛染明王像三体、等身愛染明王像二〇体、小塔を供養した〔永昌記・中右記〕。

七月十五日　白河院危篤にて、経師《きようじ》数百人・仏師・工を召して御所南庭で丈六仏像五体・等身仏像・五重塔を造った〔永昌記・長秋記・中右記〕。

七月十八日　白河院七日法事で金色御等身阿弥陀如来像などを供養した〔中右記〕。

七月十九日　女院の祈りとして千手観音絵像一〇〇体・不動明王絵像一〇〇〇体・丈六像一体を供養し、夜にも仏像を供養した〔中右記〕。

七月二十日　女院庁に不動明王絵像二〇体を進めた〔長秋記〕。

七月二十一日　女院、北小寝殿で仏像を供養した。上達部《かんだちめ》・殿上人《てんじようびと》・女房らに命じて毎日一〇〇体、一〇日で一〇〇〇体を供養するという〔長秋記〕。

女院、不動尊像一〇〇体を供養した〔長秋記〕。女院は閏七月二十日に本仁（後の覚性《かくしようにゆうどう》入道親王）を産んだ。

七月二十六日　鳥羽院、白河院のために院御所で御等身阿弥陀三尊像を供養した。伊与守藤原基隆、等身阿弥陀如来像九体を供養した〔中右記〕。

十月二十九日　女院、大威徳明王像一〇〇体・不動明王像一〇〇体と愛染明王像数体を供養した〔長秋記・中右記〕。

仏像の「供養」という場合、完成した仏像に祈る場合と、造仏の開始にあたって祈る場合がある。一〇〇体、一〇〇〇体といった大量の造仏は、記事が書かれた日に完成した場合と、造り始めを示す場合がある。いずれにしても、一日造仏という作法には、その迅速さに生身仏の出現を認知する思想がある。(21)また、等身仏は、「同身」「御等身」「御同体」といった表記があって、それぞれの造立を下命した白河院・鳥羽院・女院藤原璋子《しようし》・崇徳天皇との強い結びつきが示唆されている。彫像と絵像を区別していない記事や、印仏《いんぶつ》・摺仏《しゆうぶつ》といったミニチュアを含む可能性もある。小塔についてはⅡ部第三章で述べる。

注意すべきことは、白河上皇の病気平癒や追善供養、また女院璋子の安産などを目的とする造寺・造仏であっても、それが既存の寺院での祈りではなく、新しい造営や大量の造仏として遂行されている特異性である。この方法の選択は、北宋や遼の仏教事業を参照するとともに、断絶ない王都を比類ない仏都として改造しようとする権力意志に支えられていると思われる。このことについては、Ⅱ部

三十三間堂の内部（妙法院提供）

第二章でも述べる。

白河院の仏教事業については、院の葬送日に藤原宗《むね》忠《ただ》が記した記事がよく知られている（『中右記』大治四年〈一一二九〉七月十五日条）。

絵像五千四百七十余体、生丈仏五体、丈六百廿七体、半丈六六体、等身三千百五十体、三尺以下二千九百卅余体、堂宇、塔二十一基、小塔四十四万六千六百卅余基、金泥一切経書写。このほか秘法修善は千万壇、その数を知らず。

大治二年三月十二日と十三日に、法勝寺で新堂や新仏の供養と、諸宗の千僧を集めた読《ど》経《きょう》が行なわれた。参加した近臣藤原宗忠は、「昨今両日大仏事あり。誠にこれ仏法中興か」と述べている。大治五年七月七日、白河院死去の一周忌に際しては、「おおよそ去年七月より今年今日にいたり、万人の造仏・写経の善根は千万、記し出だすべからざる」と記している（『中右記』）。白河院の生前からの執念による「仏法中興」とは、日本仏教のそれをいっているのではない。仏教発祥のインドでは聖地が廃れてしまい、その正統性の継承を仏教興隆事業で競い合った北宋や遼は滅亡したのである。それらのことを知った上での「仏法中興」が目指されている。やはり、世界宗教としての仏教の中興を、ここ平安京で実現したという、願望過剰の自負であろう。

II　仏教都市平安京

第一章　一日の仏事―嘉保二年九月二十四日―

充満する宗教行事

白河《しらかわ》院の執政期（一〇七三―一一二七）、特にその後半には、加速度的に、平安京とその近辺に仏教施設が増加した。仏堂・仏塔、仏像・仏具、仏事・仏僧、それらの数だけでも相当に目立つようになったのではないだろうか。ほとんどは貴族が直接の担い手だが、外観に接する一般住民にとっても、特殊な建築を目の当たりにし、時には読経《どきよう》や鳴り物の音を漏れ聞き、焚かれる香の臭いに鼻を利かせられる機会が増えたであろう。仏事は年中どこかで営まれているほどの状況が推測できる。

仏事の場は、大極殿《だいごくでん》や清涼殿《せいりようでん》などの宮中施設、東寺・西寺や法勝寺《ほつしようじ》などの御願寺《ごがんじ》、法成寺《ほうじようじ》や法性寺《ほつしようじ》などの貴族氏寺、因幡堂《いなばどう》・六角堂《ろつかくどう》・壬生地蔵堂《みぶじぞうどう》・六波羅蜜寺《ろくはらみつじ》などの霊験所、貴族邸宅の一部に常設された持仏堂、貴族邸宅の殿舎内に臨時で設営される壇所があった。

仏事には、恒例の年中行事として実施されるものと、政争・天変・病気などに際して臨時に催されるものがある。仏事は主催者によって区別され、朝廷・天皇による国家の仏事、上皇や貴族の個別仏事、寺院が自前で行なう仏事があり、場合によってはそれらの位置づけが重なりあった。

なお、院政期を代表する仏教勢力としてよく知られているのは、南都《なんと》・北嶺《ほくれい》、つまり興福寺《こうふくじ》や延暦寺《えんりゃくじ》であり、その系列化の諸寺社を含めて、大衆《だいしゅ》（いわゆる僧兵）の強訴《ごうそ》が朝廷政治を揺るがせた。それら、権門にして荘園領主たる寺社勢力は、平安京の外部、しかも縁辺ならぬ衛星的位置で独立性をもっていた。平安京には含まれない。一方、京郊の南東部には、醍醐寺《だいごじ》・随心院《ずいしんいん》・勧修寺《かじゅうじ》などの小野流が築かれ、北西部には仁和寺《にんなじ》を中心に広沢流が確立し、院政期の二大真言宗派閥として力を獲得した。高位の真言僧は、平安京の密教修法《みっきょうしゅほう》を担うことが多い。院権力と真言密教の密着性は、平安京の仏教にとっての一大特徴である。これら南都・北嶺系大寺院や京郊の真言寺院も、朝廷主催の仏事を分担することがあった。

平安京を中心としてみれば、京内仏教施設—京縁辺寺院—京郊真言寺院—南都・北嶺系衛星寺院という配置になる。

この章と次章では、成立期中世仏教の実相を、その養成拠点である平安京を中心として、具体的かつ包括的に捉えてみたい。そのために、対象を二つに絞る。一つは、嘉保二年（一〇九五）九月二十四日の朝廷仏事である。この日、かねてから健康を害していた堀河《ほりかわ》天皇の健康回復を祈って、各種の仏事が盛大に催された。そこには、権力中枢が展開する仏教事業の特質がよくあらわれている。もう一つの対象は、永久元年（一一一三）の一年間における平安京の動きである。白河院政の後期に入り、真言宗を優遇して政治的に利用する朝廷や、南都・北嶺の対立的動き、また僧侶とともに社会進出した武士の役割、さらに神祇祭祀の位置づけなど、平安京の時代状況がいっせいに噴出した年である。

嘉保二年九月二十四日

堀河天皇（在位一〇八七―一一〇七）は、白河天皇の第二皇子で、母は藤原師実《もろざね》の養女たる中宮賢《けん》子《し》、九歳で即位した。次に位を継ぐことになる鳥羽《とば》天皇の父である。あまり丈夫な体ではなかったようだが、十七歳であった嘉保二年（一〇九五）九月にはいって、風邪をこじらせたらしく、ひどい咳が続いた。(1) このころ堀河天皇は、大炊殿《おおいどの》（もと藤原師実邸宅、太皇太后寛子《かんし》などの御所）を御所（里内《さとだい》裏《り》）にしていた。左京二条三坊三町（大炊御門南・西洞院東第）である。(2)

前関白藤原師実や関白藤原師通《もろみち》をはじめ、貴族らが入れかわり内裏に出入りして様子をうかがった。かねてからの計画通りに伊勢皇大神宮へ遷宮の神宝使が京を出発した九月七日には、天皇の病状が回復したかにみえ、「神意」に叶ったのだろうと安心された。しかしその後、より悪化し、右中弁藤原宗忠《むねただ》などは一晩中参内することもあった。十二日には、健康回復を祈る神事と仏事を計画し始めた。この間、前関白藤原師実の指示を受けた宗忠は、十七日に白河院のもとへ病状を報告し、御所と院御所を四往復して明け方になった。十八日には、伊勢から神宝使が帰京して神事が一段落したので、僧侶を参内させて天皇の身近で祈らせた。二十日、臨時に二二社への奉幣《ほうべい》を行ない、翌朝、天台座主《ざす》仁覚《にんかく》や権僧正《ごんのそうじょう》隆明《りゅうみょう》をはじめ多くの僧が入れかわって参内し、読経した。また税未進の一部帳消しや囚人の放免を実施し、天皇の徳を示す儒教的行為も示した。これらには効果がなかったようで、結局、二十四日の大規模仏事が命じられることになる。

この日、数ヵ所でほぼいっせいに仏事が行なわれた。この件を詳しく記す『中右記《ちゆうゆうき》』は、当日参加しなかった藤原宗忠の聞き書きなので、少しわかりにくい点があるが、次のように整理できると思う。①は日中に行なわれ、②以下は夜になっていっせいに開始された。

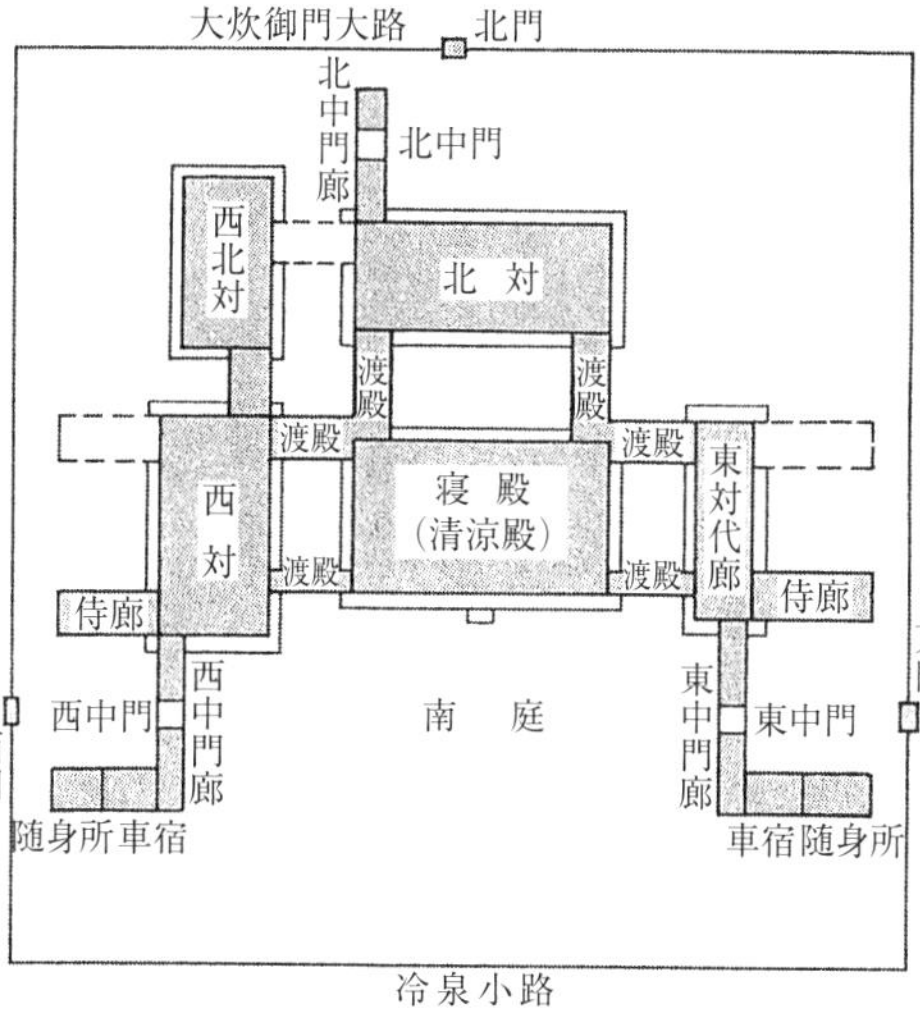

堀河天皇御所図（太田静六『寝殿造の研究』より）

①大極殿での千僧御読経(3)

行事を差配する権右中弁源重資《しげすけ》のもと、惣導師は前天台座主大僧正良真《りようしん》が勤め、千僧によって『観音経《かんのんぎよう》』(『法華経《ほけきよう》』「観音品」)を読む。千僧の内訳は不明だが、二十一日に出仕僧が決定されており、ほかの千僧御読経の例と同じく、延暦寺・園城寺《おんじようじ》、興福寺・東大寺など南都寺院、東寺・法勝寺など平安京の寺院や御願寺その他が、数十人ないし数百人を分担したのであろう。大極殿は、仏殿として設えられた。

絵像だと思われるが、新たに作製された一丈六尺の五大尊像（不動明王をはじめとする明王像）が掲げられた。等身で新造された一字金輪《いちじきんりん》、八字文殊菩薩《はちじもんじゅぼさつ》、尊勝如来《そんしょうにょらい》、十一面観音、不空羂索観音《ふくうけんさくかんのん》の各像も、ここで用いられたのであろう。仏事は夕方まで続けられた。

②内裏清涼殿の昼御座《ひのおまし》（天皇の日常居所）での『大般若経《だいはんにゃきょう》』供養

左大臣源俊房《としふさ》が六〇人の僧を内裏に率いて、開始する。夜に『大般若経』を良真が講説し、僧らが転読した。用いる経典は、白河院の下命によって、この日いっせいに貴族らが分担書写した『大般若経』六〇〇巻である。これも当日描いた丈六《じょうろく》の釈迦如来像が本尊として懸けられた。

③清涼殿の二間《ふたま》（天皇寝室の東隣の仏間）で新写した丈六の十一面観音像を供養

『請観音経《しょうかんのんぎょう》』（三僧）、[4]仁王講（三僧）と最勝講（三僧）を行なった。

④渡殿《わたどの》での読経

『大般若経』（九僧）、『孔雀経《くじゃくきょう》』（九僧）、『法華経』（一五僧）をそれぞれ読経した。

⑤東《ひがしの》対代廊《たいだいろう》で経典供養

一切経《いっさいきょう》を三〇僧で、六〇巻経（『華厳経《けごんきょう》』か）を六僧で、読経し始める。一切経の読経は、翌年九月四日に昼御座で結願《けちがん》した。五〇〇〇巻以上の仏書群を、順次に真読（全文の音読）したのであろう。

⑥諸寺での読経と講説

興福寺南円堂で不空羂索御読経（九僧）、園城寺で百座仁王講（一〇日間）、法勝寺で六観音御読経。

⑦諸社での講説
祇園社《ぎおんしゃ》で十座仁王講（一〇日間）、日吉社《ひえしゃ》で四巻経講（六僧）。
⑧五畿七道諸国での観音供養
各国の国衙《こくが》（または国分寺）で、丈六の観音絵像と一〇〇巻の『観音経』を作製し、一〇僧で七日間転読する。

以上のほか、⑨延暦寺での千僧御読経、⑩（延暦寺でのか）万僧供《まんそうく》と丈六仏五体の造立があった。それらを含め、基本的には、九月二十四日に、一日で盛大な仏事を実施することに意味があったのであろう。翌日からも、南殿や二間などでの読経や宇治平等院経蔵での一切経転読、大極殿千僧御読経、伊勢祭主大中臣《おおなかとみの》親定《ちかさだ》による神祇官での祈りなどがあったが、ここでは省略する。天皇の病状は、十月九日ごろには平復したようである。

天皇仏事への結集

天皇の重病であるからこその盛大さであろう。千僧御読経は、十一世紀後半以来、大極殿や延暦寺・東大寺などで行なわれるようになった、臨時の大仏事である。一〇〇〇人の僧侶が内裏に結集した姿は想像にあまりある。僧綱《そうごう》（僧正・僧都《そうず》・律師《りっし》といった僧官をもつ高位者）の場合は、「ひごろ御修法・御読経に候じんがため多くもって住京するなり」（『中右記』嘉保二年〈一〇九五〉十月二十五日条）といわれており、京内の貴族邸宅内などにある住房《じゅうぼう》から参じたであろう。京近辺の御願寺の僧は、堀河天皇仏事を直前に控えて「（法勝寺）僧は暇なかるべし」（『中右記』嘉保二年九月二十三日条）といわれたように、総動員に近いと想像される。京郊の真言宗寺院からはすぐに馳せ参じられるが、南都・北嶺の僧などは、三日前の僧名定めが届いて上京したのだから、息せき切って到着したのかもしれない。

新調された本尊の種類と量も多い。当日の作業のみで造仏することで、生身の仏・菩薩が影現《ようげん》したさまをあらわすという(5)、思想先行の強引な事業である。仏師や材料の組織的な動員体制の存在があってこそ、この計画が立てられたはずである。

仏事の内容は、観音悔過《けか》の伝統をひく読経を軸に、『仁王経』『金光明最勝王経』『法華経』を読む奈良時代以来の要素を含み、一切経や『大般若経』という没宗派的な仏書を用いるなど、いかにも天皇の正統なる国家仏事らしい。その一方、惣導師を前天台座主に命じているのは、この段階の朝廷と天台宗との関係が、ほかの宗とのそれに優位していたことのあらわれであろう。ただそれは顕教《けんきょう》のみでなく、五大明王、一字金輪、尊勝如来、『孔雀経』がみえるように、密教（台密《たいみつ》と東密《とうみつ》）の要素もある。顕教と密教を天皇が統括する、といった枠組みが強い。

当日の仏事は、昼間の大極殿千僧御読経と、夜の諸仏事に大別されている。夜の仏事は、②昼御座と、③二間での仏事に大別されている。④渡殿と⑤東対代廊で、所狭しと始められた諸仏事が、入れ替わりに二間で実施された可能性がある。『請観音経』の担当僧は、最初は私房で読経を開始した。

いずれにしても、仏間たる二間で祈るのだが、「御前において行わる」と記録されている。夜御殿で病に伏す堀河天皇は、身近に僧を感じていたかもしれない。

注目される一点は、白河上皇の動きである。上皇は、おそらく早朝から、『大般若経』六〇〇巻を一日で書写して夜の読経に間に合わせるという計画を遂げた。写経したのは貴族たちだという。手本一セットを配分し、ほとんど人海戦術で書き写す貴族男女の姿が目に浮かぶ。一巻の書写に五時間を要したと仮定し、一人で二巻を担当したとしても、のべ三〇〇人の動員が必要である。一日での『大般若経』書写を下命することは、天皇への有無をいわせぬ忠誠行為の証をもとめることになる。不測の事態に備えて、中央支配集団の結集が仏事で確保されようとした、その一面である。

京中騒動す

千僧御読経などとはいえ、平安京としては局地的な騒ぎである。しかし、これに一部関連して、京中を不安にさせる事件があった。天皇が健康をもち直した翌月のことで、比叡山《ひえいざん》僧らが京を目指して強訴してくる風聞が伝わったのである。少し追っておこう。

強訴は、十世紀なかば以降にみえ始め、院政期に活発化した。東大寺・興福寺・延暦寺・伊勢宮・石清水社《いわしみずしゃ》などの寺社は、諸身分を内部に抱えて勢力を拡大するとともに、利害に絡む要求を朝廷に突きつけた。特に堀河天皇病没（一一〇七年）後に本格化するが、すでに白河上皇や関白藤原師通の強硬な政治に抗する動きが高まりつつあった。数百人の僧や神人《じにん》は、要求内容を明確に掲げ、時には書面を持って、朝廷の陽明門をめざして群参するという秩序だった面がある。末社の御輿などを掲げて威圧することと、人数に物言わせるような示威は、寺社勢力らしい方法である。朝廷めざして来るのだから、平安京住民にとって他人事ではない。

嘉保二年（一〇九五）十月二十三日に、延暦寺大衆が参洛するという風聞について、急ぎの陣定（内裏での会議）が行なわれた。ことの経緯は、堀河天皇千僧御読経より以前の紛争に始まるらしい（『中右記』同日条）。延暦寺の荘園は、近江国とともに美濃国に多い。延暦寺の「下僧」が美濃国で支配に当たっていた折、国司源義綱《よしつな》がその実態は「非道を宗とする」ものだと朝廷に報告した。問われた本寺延暦寺は関知を否定したので、犯人を追討すべしとの宣旨《せんじ》が下された。結局、国司源義綱と悪僧らの合戦となり、山僧側に死者と逮捕者が出た。捕らえられた数人の僧は、都の獄門に収容されたが、堀河天皇の健康回復を願う「非常の赦」（特別の恩赦）によって解放された（九月十一日）。

ところが今になって大衆は、「奏状《そうじよう》」によって、国司側に殺された者に比叡山中堂の久住者円応《えんおう》なる「験者」がいたことを問題にし、源義綱の流罪を要求した。朝廷側（おそらく関白藤原師通の判断）は、天皇の宣旨による追討であり、流れ矢による死去でもあり、国司に過怠《かたい》はなく、しかも赦より前のことなので問題ではないとして奏状を返却した。収まらない大衆は、日吉社の神輿を伴って入京する構えをみせた。現実味のある「風聞」は、比叡山側が流したのかもしれない。朝廷では、ほかの諸社の神輿が同調しないよう、神祇官を通じて宣旨を下した。また比叡山大衆の入京を実力で防ぐため、平安京の東側入口付近、鴨川原に検非違使《けびいし》と武士を使わし、内裏の所々をたくさんの武士に夜通し警固させた。「京中騒動」の初日である。

しかし大衆は来なかった。翌日に日吉社の神民と下僧六、七人ばかりが入京しようとしたが、河原で武士に攻撃され、僧三人と禰宜《ねぎ》一人をきずつけた。少数の下僧と神人は、訴状を携えてきただけかもしれない。この時はじめて日吉社神輿が比叡山根本《こんぽん》中堂に上げられたという記録もある（『華頂要略《かちょうようりゃく》』「天台座主記」仁覚の項）。朝廷では、関白藤原師通のもとで会議したが、「衆口嗷々《しゅうくごうごう》」だという。二十五日に、ひごろ京の宿所に住む天台座主や僧綱を比叡山に登らせた。宥和《ゆうわ》をはかったのであろう。早くも翌日に下山したが、「仰せ」があって入京をとどめられ、河原辺で立ち往生した。源義綱は「仰せ」をうけたまわって随兵を率い、河原で防戦体制を整えた。「武勇の士、京都に盈《み》つ」という緊張は二十九日まで続いたが、十一月一日には山大衆は平穏らしいとの情報があり、尻すぼ

日吉社の神輿（日吉大社所蔵）

みに落着した。

神祇と仏教

この一件には不自然な点が多い。朝廷に強訴する大衆と警固する武士の動きは、この後一層活発になる。しかしこの一件の場合には、比叡山僧らの朝廷に対する実力行使がみられない。美濃国での国司行状を糺断するというより、比叡山の中堂久住者一人の殺害を問題としている。一方、朝廷の過敏さは尋常でない。風聞で上級貴族が右往左往し、下山する僧綱を立ち往生させ、少人数の下法師《しもぼうし》・神人を討った。

すべては堀河天皇を焦点として動いていたのではないか。朝廷は、宣旨で美濃国悪僧の追討を命じ、健康を害した天皇の恩赦で囚人を放免し、回復後に問題が再燃してからは「仰せ」によって鴨川原を警固させている。延暦寺は、奏状を公門（陽明門）に届けて、天皇に伝える手順を踏もうとしている。天皇は執政の実際を装い、延暦寺は執政の実を問うているかのごとくである。

囚人放免より後は、形式的にも執政は停止されている。ただし、その機会に強訴することは不可能である。千僧御読経をはじめとする盛大な仏事で、天皇の身辺は上級僧侶に囲まれているだけでなく、官人が運営する国家行事として最優先され、奏状の審理などはありえない。延暦寺大衆は、天皇の健康回復という機会を捉えて、徳ある天皇の執政による国司源義綱の処罰を要求したのであろう。

しかし、朝廷が過敏に恐れたのは、日吉社神輿の入洛であり、十月二十三日の陣定では、神民らが神輿を京都に迎えることのないよう、宣旨を神祇官に下して諸社に命じている。未然の先手策であって、実際の動きは記録されていない。また、比叡山僧が強訴してきた場合、その神輿に遠慮することなく防ぐのが方針で、諸社にそのことを祈らせると同時に、宮中の内侍所《ないしどころ》に奉幣して祈っている。最悪の問題として想定されているのは、諸社の神輿にかつがれた諸神が宮中に入ることであった。宮中では、天皇と一体の内侍所のみがまつられる。なお未解明の点が残るが、大衆の入京ではなく、神輿の入京は、天皇の身体を危ぶめる非常事態と認識されていたのだと考えられる。天皇の重病に際して、諸社に奉幣使が送られることはあっても、神官や神輿が宮中に動員されることはない。反対に、僧侶の大動員によって天皇が守られようとした。

延暦寺側が問題視したのは、根本中堂久住者の殺害であった。この点はなおよくわからない。通常、久住者の身分は高くないと思われるが、「験者」だというのが、延暦寺側がいう問題点であるらしい。延暦寺本尊の身近で修行する霊験体得者だとすれば、平安京を守護する生身仏にも擬《なぞら》えられる。平安京ないし天皇の守護者を殺害した、という論理なのかもしれない。

先にも述べたように、十一月はじめには強訴の動きは静まったらしい。『百練抄《ひゃくれんしょう》』（嘉保二年〈一〇九五〉十一月条）には事後処理の記事がある。「山僧、五壇法《ごだんほう》を行い、国家を呪詛し奉るの輩、交名《きょうみょう》を注進し、ならびに日吉神輿を本社に迎え取り奉るべきの由、これを宣下す」という短文である。「国家」を関白藤原師通だと忖度《そんたく》する解釈もあるが(6)、やはり堀河天皇であろう。こともあろうに大衆は、天皇を呪詛対象に掲げたと決めつけられたのである。朝廷は、五壇法担当僧の人名リスト提出とともに、神輿を日吉社に戻すよう指示した。

ただ事件にはなお複雑な背景が感知される。『平家物語』の挿話にこの事件がふり返られているのであるが、そこでは憤懣を募らせた大衆が八王子社の禰宜に命じて関白藤原師通を呪詛し、そのことが原因で数年後に師通は死んだのだという。一方、真言宗に伝えられた秘書には、師通の死は、白河上皇が範俊《はんしゅん》に転法輪法《てんほうりんぼう》なる呪詛法を修させたからだという（Ⅱ部第三章で述べる）。真偽不明だが、天皇への平伏が、実力者たる関白師通への私怨を誘発したということも考えられる。すくなくとも白河院は、そのような動きを止めなかったであろう。

第二章　一年の仏事—永久元年—

永久元年という年

平安京と仏教の関連を、中世の成立時点において眺めるとすれば、一一一三年の史実を順次たどることが有効である。この年、天永四年は、七月十三日に改元されて永久元年となる。

この少し前、堀河《ほりかわ》天皇が死去した嘉承二年（一一〇七）のころから、白河《しらかわ》上皇の院政は専制性を増し、寺社の要職への強引な人事権発動などで、強訴《ごうそ》を引きおこすことが目立ってきた。関連して、源平の武士らが、院の武力として活躍する場面が増えた。一方、東アジアの政治情勢は、北宋の皇帝徽《き》宗による積極姿勢が、日本への外交接触にもあらわれており、暗雲が立ちこめつつある。白河院は、摂関期とは異なり、北宋や遼《りょう》で興隆していた真言密教《しんごんみっきょう》を重視し、その強化策を推進する。南都《なんと》や北嶺《ほくれい》との軋轢《あつれき》は、このことにも関連する。平安京の仏教は、大きく様変わりする転換点を迎えつつあった。

永久元年の平安京では、重要な出来事が矢継ぎ早におこる。専制性を増した白河上皇の院政下で、朝廷や京近辺での多様な仏事が年中行事として面目を改め、入京して要求を通そうとする南都・北嶺勢力に対して、真言密教が新たな役割を担って地位を高め、時に京中の住民は騒然とする。新しい時代の成立が、どのような問題を抱えつつ成立したのか、それが仏教を前面に押し出してあらわれるという中世特有の姿を、起伏ある出来事によって知ることができる。最大の手がかりは、『大日本史料』第三編之一四に収録された文字史料であり、実に読み応えがある。

一月―天皇を護持する

この年は、元日に、十一歳の鳥羽《とば》天皇が紫宸殿《ししんでん》で元服の式を行なった。小朝拝《こちょうばい》と元日節会を三日に遅らせてのことである。宮中は別として、寺院ではすでに正月仏事は早くから行なわれることがあり、法成寺《ほうじょうじ》では四日に修正会《しゅじょうえ》を行なっている。法勝寺《ほっしょうじ》修正会は九日である。

八日から一週間、大極殿《だいごくでん》で御斎会《ごさいえ》、真言院では後七日御修法《ごしちにちのみしほ》が行なわれた。御斎会では、南都や比叡山《ひえいざん》などの顕教《けんきょう》の高僧が『金光明最勝王経《こんこうみょうさいしょうおうきょう》』を説いて、天皇の権威を確認する。後七日御修法では、東寺長者が真言密教僧を率いて天皇守護を祈る。最終日の十四日には、顕教と密教の僧侶が清《せい》涼殿《りょうでん》（里内裏《さとだいり》の大炊殿《おおいどの》、第二期、大炊御門北・東洞院東）に合流し、公卿らと鳥羽天皇の見守る中で、結願《けちがん》の内論義《うちのろんぎ》があった。興福寺別当《こうふくじべっとう》（この年は権別当永縁《ようえん》）のもとで、八宗《はっしゅう》の教学問答が披露され、東寺長者寛助《かんじょ》（仁和寺成就院《にんなじじょうじゅいん》僧）を中心に天皇の身体安穏を祈る加持香水《かじこうずい》が行なわれた。顕密八宗の代表者が天皇の統制下で仏教興隆を確認し、興隆する仏教で天皇が守られる、正月仏事である。すべてが終了してすぐ、鳥羽天皇によって、実際は白河院の指示で、僧位僧官の任命や昇進が示された。中でも東寺長者寛助はこの年の主役である。すでに途中の九日に、老年の範俊《はんしゅん》の後を継いで、法務

内論義（『年中行事絵巻』個人蔵）

後七日御修法（『年中行事絵巻』個人蔵）

（仏教行政長官）に任じられた。十四日には権僧正《ごんのそうじょう》になり、僧綱《そうごう》（僧正・僧都《そうず》・律師《りっし》などの仏教行政官）トップの地位になった。

二十日には、清涼殿の二間《ふたま》で天台僧行尊《ぎょうそん》らが十一面観音供養を、北対《きたのたい》で真言僧寛助らが六観音《ろくかんのん》御修法を行なった。鳥羽天皇があらわれている。清涼殿ではこの日から三〇日間、『般若心経《はんにゃしんぎょう》』を読んだ。同じく二十日、法勝寺では、白河上皇が臨席して、興福寺権別当永縁を惣講師として千僧御読《せんそうみど》経《きょう》（『観音経《かんのんぎょう》』）が行なわれた。日数は不明である。これら臨時の祈りは、元服した鳥羽天皇を支える意思のあらわれであろう。二十五日には、天皇の生母贈皇太后藤原苡子《いし》の一周忌仏事が、仁和寺転輪院で行なわれた。二十九日からは、天台座主《てんだいざす》仁豪《にんごう》に宛てた宣旨《せんじ》を蔵人《くろうど》が携えて比叡山に登り、根本中《こんぽんちゅう》堂で七仏薬師法《しちぶつやくしほう》が開始され、五週間におよんだ。なお二十日には、摂政藤原忠実《ただざね》が娘泰子《やすこ》のために、祇園社《ぎおんしゃ》で『大般若経《だいはんにゃきょう》』を読ませた。

二月―白河院、苛立ちの萌し

二月八日、白河院は伊予守藤原基隆《もとたか》の三条殿に赴き、東寺長者寛助を導師として尊勝《そんしょう》陀羅尼《だらに》を供養した。十二日にも院は寛助に命じ、二〇僧を率いて院御所大炊殿寝殿《しんでん》で孔雀《くじゃく》経《きょう》法を開始した。月蝕による災禍を払うためである。月蝕が予想されていた十五日には、内裏で僧三〇人が『大般若経』を読んだ。かすかな月蝕だった。この日は、釈迦の命日にちなんで、少僧都定円《じょうえん》を導師として、中宮涅槃講《ねはんこう》も行なわれていた。

二十日は、孔雀経法の結願日だが、興福寺権別当永縁を導師として、三〇僧が内裏で『大般若経』六〇〇巻を供養した。かねて白河院の近習《きんじゅ》や受領らに分担書写させた経巻である。写経参加は忠誠と結集の証となる。供養は数日間にわたったようで、二十二日には、遅参した僧二人がその場からたたき出され、今後の朝廷仏事に呼ばないこととされた。白河院の指示に違いない。

二十日から仁和寺行信法親王《ぎょうしんほっしんのう》（白河上皇息）に愛染王法《あいぜんおうほう》を開始させ（1）、二十一日には内裏で陰陽道の泰山府君祭《たいざんふくんさい》、二十五日に白河院は丹後守平正盛《たいらのまさもり》六波羅堂《ろくはらどう》に方違《かたたが》え、二十七日は仁王会《にんのうえ》（内裏か）と続く。この間、摂政藤原忠実は、息子忠通《ただみち》の病気を治すため、祇園の僧を呼んで愛染王法などを行なっているが、二十七日には白河院のために等身愛染明王像を供養した。同じ日、白河院は北極星に祭《さい》文《もん》を捧げた。六十歳を過ぎた今、「余年の長存」を祈るのだという。「天羅地網《てんらちもう》、厭魅呪詛《えんみじゅそ》、夢想怪《むそうかい》異《い》、宿曜録命等《しゅくようろくみょうとう》の厄、妖祥《ようしょう》を未萌《みほう》に却け、長生の上寿を授けよ」と述べている（『朝野群載《ちょうやぐんさい》』三）。

この月、白河院が命じた立て続けの臨時仏事は、鳥羽天皇のためではない。十二日に天皇が疱瘡《ほうそう》にかかった時も、特にそのために祈らせていない。すべて自身のためであるらしいが、特別の理由については不明とせざるをえない。ただ、近習や僧侶への厳命の様子からは、苛立ちと焦りが感じられる。身体の衰えへの単純な不安ではなく、やり遂げたい政治があるのであろう。当人に明確な設計があったかどうかは疑問だが、先に述べたような、国際政治不安と関係する国内政治の強行、その核心としての平安京の改造が、念頭にきざしていたのではなかろうか。

三月―怪異と堀河天皇改葬

三月一日、日蝕が予想され、法勝寺で『大般若経』が読まれた。上卿《しょうけい》を派遣しての朝廷仏事だが、白河院の命による「密々の儀」だという。不断念仏も命じたらしく、十二日に結願している。このころ院は、院御所や内裏での「怪異」をしきりに気にしている。

二十二日、香隆寺《こうりゅうじ》（もと蓮台寺《れんだいじ》）に仮安置していた堀河天皇の遺骨を、予定していた仁和寺山陵（後円教寺陵）に葬った。嘉承二年（一一〇七）に火葬され、方違えのために三年間控える予定だったが、さらに三年遅れてここに実施した。

閏三月―世間静ならず

閏三月一日、東寺長者寛助が内裏で五壇法《ごだんほう》（不動、降三世《ごうざんぜ》、軍荼利《ぐんだり》、大威徳《だいいとく》、金剛夜叉《こんごうやしゃ》の各明王への祈り）を行なった。最終日の八日には二間で天皇に加持した。その間に白河上皇は、丹後守平正盛の六波羅堂へ方違した。ついで九日、法勝寺で百座の仁王講を行なわせた。臨席後いったん御所に帰った上皇は、怪異ありとしてすぐに藤原為房《ためふさ》邸（東洞院大炊御門）に移った。同時に密教の仁王経法を勧《か》修《じゅう》寺《じ》の僧都厳覚《ごんかく》に行なわせていたらしく、十六日に結願している。五壇法、仁王講、仁王経法、いずれも国王を外敵から守護する仏事である。

九日には内裏で鵼《ぬえ》が鳴くなど、さらに怪異が続いたとして、十三日には内裏で『大般若経』を読ませた。十六日には、天変（日蝕・月蝕）、怪異、疾疫を鎮静化させるため、伊勢に公卿勅使を派遣した。白河院は、ほぼ同時に真言僧勧修寺寛信《かんじん》に命じて、「姫宮」の安穏を祈る百ヵ日の十一面観音供を十九日から始めさせた（七月二日結願）。

実際の騒動が京におこった。興福寺と延暦寺《えんりやくじ》の大衆《だいしゅ》が入京したのである。都にほど近い清水寺の、別当人事が問題の引き金である。清水寺は、興福寺によって支配が主張されてきたが、白河院の独断人事で、延暦寺で出家得度《とくど》した仏師円勢《えんせい》が別当に任命された。怒った興福寺大衆が、参洛を辞さないとの内容を込めた訴状を、興福寺別当覚信《かくしん》を通じて院に伝えた。取り次いだ摂政藤原忠実に対して、白河院は、「参洛の後に左右《そう》せらるべきなり」とにべもない。挑発に等しいこの返答によって、二十日に、大衆は藤原氏の施設勧学院に入り、勧学院別当を通じて中文で再度訴えた。翌日の院御所での会議で、円勢に代えて興福寺権別当永縁を清水寺別当に就けた。二十二日に、大衆は奈良に帰った。

不動明王像（奈良国立博物館所蔵）

白河上皇の挑発的な人事こそが発端である。(2)興福寺大衆の主張には根拠がある上、書面をしかるべきルートで提出し、朝廷に向けた暴力行為はない。大衆の人数は、五〇〇〇人、数千人などというが、実際はかなり下回る可能性がある。結果的に、院の近臣的な永縁を清水寺別当にしており、双方に不利益とは思われない。ただ、奈良大衆は、延暦寺配下の祇園社の修理料である榑《くれ》（材木）を堀川辺で奪ったらしい（『中右記《ちゆうゆうき》』四月一日条）。「路次の損亡あげてかぞうべからず」（『永久元年記』所引「（源）雅兼卿記」）、「或いは人屋を破り資材を掠《かす》め、或いは路頭の雑人《ぞうにん》を陵轢《りようれき》せらる」（同「重隆記」）などとある。

　興福寺僧らが引き上げた翌日から、貴族らは院御所で順次に読経させられた。二十七日には、「天下不静」によって、二二社に奉幣《ほうべい》した。すでに十九日には頭弁藤原実行《さねゆき》が指示しているが、南都大衆の件も理由に加わったであろう。翌二十八日、法勝寺で一切経《いっさいきょう》を供養した。白河院が臨席し、伊予守藤原基隆が捧げた一切経を用いて、大僧都永縁が講師を勤めた。同時に諸社と南都七大寺での読経、また延暦寺での千僧読経が命じられた。やる気のない山僧は勅使源師重《もろしげ》に「不精進」といわれたが、翌二十九日には延暦寺大衆が大勢下山し、神人とともに清水寺の房舎を破るとともに、祇園社の神輿を院御所の北門に運んで結集した。興福寺大衆への、平安京を媒介にした対峙である。

四月—南北大衆と京中上下

　翌四月一日にかけて、「猛悪一類の衆」という急進派を中心とす山大衆は、院御所に向かっていっせいに絶叫した。祇園社の権益を損ねた興福寺の責任者として、権少僧都実寛《じつかん》への流罪要求である。天台座主に逆らい、訴状もない恫喝に、院御所で議定した公卿らは閉口している。源光国《みつくに》や平正盛《たいらのまさもり》

永久元年の強訴での合戦（『春日権現験記絵』宮内庁三の丸尚蔵館所蔵）

ら率いる武士が朝廷を警固し、大衆らを蹴散らすことはあるが、議定の結果が待たれた。院は苦しまぎれに実寛流罪を申し渡し、大衆は帰り散った。

予想通り、二日になって興福寺大衆が上洛するとの風聞があり、五日には朝廷に奏状《そうじょう》が届いた。要求内容は、実寛流罪の取り消し、天台座主仁豪と法性寺座主寛慶の処罰、祇園社を興福寺・春日社の末社と認めることである。八日には両寺大衆の上洛が現実味を帯び、「南北大衆近日合戦を企つ」として、その制止が鳥羽天皇宣旨で命じられた。中旬には防衛のための武士も京中に集められ、「京中上下騒動、天下武士道路に馳走す」という緊張状況である。両大衆や朝廷の駆け引きをはさんで、二十九日に興福寺大衆は、宇治一坂南辺で検非違使《けびいし》平正盛や源重時《しげとき》らの兵士と、延暦寺大衆は西坂本で源光国や藤原盛重《もりしげ》らの兵士と、それぞれ闘った。戦闘力では武士が上回り、興福寺僧三十余人が射殺されたといい、両寺大衆はともに退散した。しばらくはくすぶるが、大衆の威嚇はみられなくなる。

そもそも白河院の勝手な人事が引き金になっていること、大衆は入京しようとしたのであって相手寺院への直接攻撃を意図していないこと、神輿による威嚇はあるが朝廷への列参による奏上という作法が含まれていること、検非違使と源平武士らの軍事力は大衆の比でないことなど、疑問が残る。朝廷が両寺大衆に手を焼いたのは確かだが、少なくとも結果的には合戦を誘発したようにさえみえる。

この間、十五日には七社（伊勢、石清水《いわしみず》、賀茂、春日、日吉《ひえ》、祇園、北野）に奉幣して鎮静を祈り、二十五日に三社（春日、大原野、吉田）に奉幣、二十七日に石清水へ奉幣している。注目すべきことに、十六日には仁和寺寛助（東寺長者）に大威徳明王法を始めさせている（五月一日結願）。両寺大衆の調伏《ちようぶく》が目的である。院政に密着した京郊の真言密教集団と、南都北嶺の大衆とは、政治的な敵対関係を明確にした。

五月・六月―院、攻勢の仏事

五月一日に、朝廷は、『大般若経』数十部を読ませた。仏事を通じた忠誠の強要である。同日に院御所では、真言僧に五壇法を行なわせ、三日には内裏でも行なわせた。南都北嶺の騒動によるとされており、調伏法だとみてよかろう。

四日、摂政藤原忠実は、「世間不静」のためとして、革堂《こうどう》で十一面観音像の摺仏《しゆうぶつ》を供養し、『大般若経』を読ませ始めた。十一日にも、『般若心経』を読ませ、十一面観音法を行なわせている。

五日には、円宗寺御八講（『法華経』の問答）、十一日には朝廷の百座仁王会を、恒例仏事として行なった。前者には興福寺僧を召さず、後者からは延暦寺僧を外した。懲罰の人選である。

二十三日から三十日まで、白河院御所で東寺長者寛助が大北斗法《だいほくとほう》を修した。北斗七星に祈る陰陽道風の密教修法たる北斗法をベースに、寛助がアレンジした新式の祈りである。院と真言密教の結びつきはますます強い。

二十九日、平等院で、摂関家恒例の一切経会が始められた。

白河院の処置は、強訴の作法を欠きがちな延暦寺に対してよりも、南都興福寺に対して厳しい。興福寺大衆は、七大寺やその末社の勢を率いたが、大和国住民の軍事力を警戒していた院は、検非違使による追捕を宣言（六月四日付）して威嚇し、金峯山《きんぷせん》悪僧を名指しで糾弾した。興福寺に対しては、大衆上層に属す学侶の経覚と隆観が白河上皇を呪詛したと決めつけ、明法博士《みようほうはかせ》に罪名を決めさせた。七日には遠流、十一日には斬罪と報告されている。本尊不空羂索観音《ふくうけんさくかんのん》像を作ったとして、仏師頼助までも処罰対象とされた。院の強い指示に、摂政忠実以下の貴族は恐れを抱いている。

六月十一日、興福寺と連携した清水寺住僧の追放を指示した白河院は、「この外早く本の如く安堵し、恒例仏事を勤むべし」（『中右記』）と指示した。十二日に、院から祇園社へ奉幣し、賀茂社に神馬を献上した。十四日には祇園御霊会。十八日には春日社に奉幣して区切りとした。二十三日には、隆観と経覚の赦免が上皇近辺で相談されている。

二十九日、京極殿南御堂で、療養する故関白藤原師実室源麗子《れいし》のために懺法《せんぼう》や金泥写経が行なわれた。

七月—改元と顕教・密教の動員

七月四日早朝、白河院の指示があり、貴族らの分担によって当日中に『大般若経』六〇〇巻を書写させた。実際、夜には殿上人《てんじょうびと》らが院御所に参集し、新写経を供養した。僧六〇人の内、南都からは導師永縁を含めて二人のみ。同時に院御所では、密教僧（東寺三人、延暦寺・園城寺《おんじょうじ》各一人）が五壇法を修し、さらに寛助が担当する北斗法もあった。仁和寺では、泥塔《でいとう》（小型舎利塔）の造立と供養が開始された（十三日まで）。さらに院の下命によって、摂政忠実は娘泰子の入内実現の祈りとして、春日唯識講《ゆいしきこう》、石清水仁王講、賀茂仁王講、興福寺金堂最勝講、同寺南円堂不空羂索経法、法成寺最勝講を行なわせた。顕教と密教の動員、殿上人の結集、これらは鳥羽天皇を抱える白河院の政治力を示すものである。ただ具体的な政策ではない。

四日から十七日まで、真言宗の厳覚大僧都が、おそらく勧修寺で、水天供《すいてんぐ》を修した。讃岐国の旱魃《かんばつ》による雨乞いである。讃岐守藤原顕能《あきよし》（鳥羽天皇「親人」(3)）の父顕隆《あきたか》（鳥羽天皇乳父）が朝廷に申し入れたものである。顕隆一族は勧修寺に結集する実務官人家である。京郊での修法が真の旱魃対策といえるのか、実質は白河院への忠誠を演じているのである。

十三日、天永四年（一一一三）を改め、永久元年とする詔書が出された。改元の理由は、天変、怪異、疾疫、兵革《へいかく》だという。罪人の赦免も実行された。白河院の政治意思は、不如意な要素を取り除くことに向けられている。

十五日、法成寺で自恣《じし》が行なわれ、藤原忠実ら七、八人が集った。懺悔《ざんげ》して祖先供養する盂蘭盆会《うらぼんえ》である。恒例であるから、他寺院の記録を欠く。十六日には、月蝕のため内裏で『大般若経』を読み、院御所で修法があったが、とりたてて問題にされていない。

十九日、堀河天皇の忌日供養として、尊勝寺で御八講（『法華経』の読誦と問答）と念仏、堀河院（旧御所）で新仏と経典を供養した。摂政忠実は尊勝寺阿弥陀堂で『法華経』を供養。二十四日には、堀河院西対に九体の阿弥陀像と観音菩薩像・勢至菩薩像を置き、天台座主仁豪が供養して仏堂とした。同日、院御所では、講師永縁のもとで恒例の最勝講が始まり、二十八日に結願した。

八月・九月―真言宗東寺長者

八月一日、東寺長者寛助が内裏で五壇法を修し、八日に結願して二間で天皇に加持した。

十八日には、鳥羽天皇が身体不調ということで、寛助が内裏で孔雀経法を修し、二十五日までにおよんだ。しかもその日から院御所でも孔雀経法を行なうよう命じられ、九月七日に結願した。見逃せないのは、内裏で結願した八月二十五日の、寛助に対する賞である。「僧正の賞は追って行わるべし」（『殿暦《でんりゃく》』）、「申し請うに随って勧賞あるべきの由、宣下せらる」（『長秋記』）、「勧賞は請うによるべきの由、蔵人頭《くろうどのとう》権右中弁実行これを仰す」（『東宝記』法宝上）などとある。望むに任せて、といわんばかりである。

これに前後して北野祭（四日）、松尾社行幸（十一日）、石清水放生会《ほうじょうえ》（十五日）、北野社行幸（十七日）、泰山府君祭（十九日）と続くが、問題はない。二十五日から二十八日まで、内裏で最勝講が営まれた。

九月四日、鳥羽天皇の体調不良で、院御所で七仏薬師像造立と『大般若経』書写供養を行なう。三〇僧と殿上人が参加した。五日には、神社の祟りがあるとして石清水、賀茂、大原野、日吉、祇園に奉幣した。七日には、伊勢に神宝を献じ、賀茂、石清水に奉幣、諸社で読経、興福寺、延暦寺、園城寺で祈り、丈六仏《じょうろくぶつ》三体の造立と京内の壇所で修法（尊勝法・東寺長者寛助、熾盛光法・天台座主仁豪、尊星王法・園城寺法眼覚猷《ほうげんかくゆう》）など、院の命で実施された。仏事はしばらく続き、鳥羽天皇は十四、五日に回復したが、尊勝法の結願は二十八日である。

二十二日、東寺長者寛助は、八月に行なった孔雀経法の賞について、東寺の国家的な位置づけを引き上げる優遇として申請した。十二月に行なう東寺恒例の灌頂会《かんじょうえ》（密教の伝授儀礼）で、伝授役（小灌頂阿闍梨《あじゃり》）を二年勤めた真言僧を、権律師《ごんのりっし》として僧綱に連ねるよう求めたのである。それは、東寺灌頂会を朝廷主催仏事（勅会《ちょくえ》）に位置づけるとともに、真言宗僧の昇進枠を独自に確保することを意味している。古代以来の顕教仏事や、院政期の御願寺での顕教・密教の仏事では、講師などを務めて権律師になる昇進枠があった。尊勝寺（堀河天皇御願寺）では、小灌頂阿闍梨をつとめた密教僧に一枠があった。ところが、嘉承二年（一一〇七）の一枠に、白河院が強引に東寺僧を入れたので、延暦寺・園城寺の天台勢力が強訴し、当初予定の順序で園城寺僧に戻った。このいきさつがなお尾を引いており、寛助は、尊勝寺灌頂での役を真言宗が放棄する代わりに、東寺独自の昇進枠を獲得しようとした。それは、白河上皇の了解事項であろう。翌十月二十三日付東寺宛の太政官牒《だいじょうかんちょう》で認められている。

東　寺

三十日、比叡山無動寺僧ら少数が、座主仁豪の交代を求め、祇園神輿を担いで京極寺までできた。院は兵士に蹴散らさせる一方、比叡山を締めつける自信満々の宣旨を書かせた。「山の悪僧、山上にては所司捕らえ進むべし、在京にては検非違使追捕すべし、諸国にては各国司追捕し進むべし」（『長秋記』）という。

十月から十二月―仏神事の復旧

十月一日、白河院女御（祇園女御）が、備前守平正盛の六波羅蜜堂で一切経を供養した。院の命で殿上人や公卿らが参加している。同日、栖霞寺《せいかじ》では、左大臣源俊房《としふさ》ら貴族男女が参加して釈迦供を行なった。

五日、醍醐寺の仁寛《にんかん》阿闍梨（左大臣源俊房の息）が、鳥羽天皇暗殺を指示した嫌疑で検非違使によって逮捕された。醍醐寺座主勝覚《しょうかく》（俊房の子、仁寛の兄）のもとにいる千手丸なる童を使う計画だという。落書《らくしょ》による発覚、白河院の近臣的真言僧の典型たる座主勝覚の関与が疑われること、千手丸は仁寛が三宮輔仁親王《さんのみやすけひと》（白河院異母弟）の護持僧だとわざわざ白状していること、仁寛の「全く候わざることなり」との言、処断に向ける白河院の強い姿勢など、釈然としない事件である。二十二日に、仁寛を伊豆大島へ、千手丸を佐渡国へ、それぞれ配流と決まった（『殿暦』）。輔仁親王は閉門とされ、皇位への道は断たれた。院権力を支える真言僧は、白河院による天皇位安定策に利用され、仁寛は犠牲になっている（伊豆で自害したという）。摂関家に近い立場にあり、皇位継承にも影響力を持つ可能性がある源俊房は、二人の息子を利用されたあげく、自らの政治力を削がれた。

十一日の鳥羽天皇の日吉社行幸、十三日の伊勢奉幣、十六日の白河院の石清水御幸、十九日の摂政藤原忠実の賀茂詣、二十四日から二十八日の法勝寺大乗会など、淡々としている。十一月にも、七日の春日社祭、八日の梅宮祭、十四日の新嘗祭《にいなめさい》、十九日の吉田祭、二十日の賀茂臨時祭、二十三日の大原野祭、二十六日に稲荷社と祇園社に行幸と神事が続く。

この間、二十三日には、東寺灌頂会を勅会とする旨の太政官牒が出された。二十九日、東寺長者寛助が率いる東寺の阿闍梨・定額僧・三綱、総勢四九人が内裏に列参し、蔵人忠遠を通じて鳥羽天皇に感謝の賀表《がひょう》を提出し、ついで院御所にも参じた。朝廷側が望む強訴の見本である。

十一月一日に、大納言藤原宗通《むねみち》の九条堂が完成供養されている。同四日、院は延暦寺座主らに悪僧の追捕を指示したが、大きな問題ではない。

五日（一日とも三日とも）、東寺僧らは、東寺灌頂会の勅会化を謝して、白河院のために『孔雀経』一〇〇〇部と『理趣経《りしゅきょう》』万巻を、三日間にわたり転読した。十六日に、長者寛助は東寺定額僧を一〇人加えることを求め、十九日には補任僧名を載せた太政官牒が出された。

三十日に法成寺八講（十二月四日結願）。十二月十一日に仁和寺御室《おむろ》行信《ぎょうしん》が白河院壇所で五壇法（二十五日結願）、十四日に内裏で季御読経《きのみどきょう》（十七日結願）、十七日に勅会となって最初の東寺灌頂会、十九日には内裏で年末恒例の仏名会《ぶつみょうえ》が行なわれた。

一年をふり返って

白河院が権力を強大化させた様子は、仏事や寺院をめぐる動向にくっきりと認められると思う。院、天皇、摂政、公卿といった中央の支配集団、また殿上人や武士の朝廷での役割、寺社勢力の雄たる南都・北嶺、非主体的な法勝寺などの御願寺、東寺や京郊真言寺院の権力密着性など、中世成立期の権力配置が浮かび上がる。永久元年（一一一三）閏三月・四月の南北衆徒の強訴事件を分水嶺として、この構造が一層明確になったのではなかろうか。それらは、平安京を中心舞台とする動きであり、仏教を中心問題とする推移であった。成立期中世の政治体制がそのように現象することこそ、ほかの時代と区別される歴史的特質であろう。

この一年に、京中上下の騒動は、被支配者住民にも直接の影響があったはずである。ただそのことは、一年間の史料をたどってもあまり明確に実態が知られない。この時代ではなおも、貴族の日記などを主な手がかりとせざるをえず、内容の偏りが探究のゆくえを阻む。一層の複眼的考察を試みたい。

第三章　塔に囲まれた平安京

仏塔のある景観

平安時代最末期の治承三年（一一七九）二月、左大臣藤原経房《ふじわらのつねふさ》や大納言藤原実房《さねふさ》ら、また権中納言藤原忠親《ただちか》ら貴族の小グループが、京をとりまくように建つ寺院の塔を巡り歩いた。「百塔」を「巡礼」するのだという。実際に三日間で巡った塔の数は、一二八基におよんだ（『山槐記《さんかいき》』(1)）。

たとえば五重の塔などは、平安京の建築群からは抜きんでた高さで目だったはずである。平安京をとりまいて一〇〇基以上あるとすれば、林立していたと形容できそうである。寺院の存在を際立たせる多層建築の仏塔群は、平安京全体の景観を特徴づけていたに違いない。寺院・仏像・経典・僧侶など、仏教の充満を感じ取るにあまりある眺望が、想像される。

塔は、卒塔婆《そとうば》の略称であり、さかのぼればストゥーパの音訳語である。それは釈迦の遺骨（舎利《しゃり》）を納めた祭祀施設である。仏祖たる釈迦を象徴する舎利塔が平安京辺に林立するというのは、一体どのような意味をもつのだろうか。一〇〇もの仏塔は、十一世紀までの平安京には存在しなかったはずである。上級貴族らによる連れだっての巡礼は、何に促されてのことなのか。自然発生した信仰心によるものとは考えにくい。

この章では、塔に象徴される院政期平安京の特徴を探ってみたい。

平安京と百寺

百塔巡礼について詳しく検討するに先立って、十世紀には百寺巡礼という形式が、平安京貴族の一部に実践されていたことについて、確かめておきたい。

天慶元年（九三八）七月一日、関白藤原忠平《ただひら》は、「夢想不吉」という理由で、「百寺」に金鼓《ごんぐ》を打たせている（『貞信公記《ていしんこうき》』）。おそらく、寺の僧に打たせたのであろう。「百寺」について、具体的にはわからない。金鼓は、金属製で小型の音響仏具である。『金光明経《こんこうみょうきょう》』「夢見金鼓懺悔品」には、妙幢菩《みょうどうぼ》薩《さつ》の夢に耀く金鼓があらわれ、その響きが懺悔《ざんげ》の韻文となったという説話がある。この経典の中心思想たる懺悔・滅罪に関係する話で、経典名の由来でもある。『金光明経』は、七世紀後半の朝廷が国家仏事に採用して以来、古代国家が一貫して重視してきた。藤原忠平は、悪夢をはらうために、金鼓を打たせせた。ただし「百寺」で打つ理由ははっきりしない。

実はこの日、「内御読経《うちのみどきょう》」が七ヵ寺で行なわれた。天皇を守るためである。その事情は、『貞信公記』によると、この年四月十五日以来、京都では大地震があったことによる。内膳司《ないぜんし》で死者四人が出たというのは被害の一部で、「宮城四面の垣」や「京中人宅の垣」などが倒壊したといい、騒然としたらしい。「御読経」「御修法《みしほ》」つまり天皇の命による仏事が急遽くり返された。四月十八日には二一ヵ寺で、同二十三日には比叡山で、同二十六日には「百僧」を集めて、などといった具合である。この地震によって、五月二十二日には承平八年を天慶元年に改めたほどである。五月二十八日から三日間は一五大寺に『金光明最勝王経』（『金光明経』の増補訳）を読ませた。諸社に奉幣《ほうべい》して祈ったりもするが、大雨で鴨川の水が京中にあふれるなどのことも重なり、連日のような地震の中、七ヵ寺での読経や百寺での金鼓打ちも行なわれたのである。七月三日には『仁王経《にんのうきょう》』を読ませており、同八日には「十五大寺・延暦寺ならびに京辺諸社諸寺」で『仁王経』を読ませた。年内はもとより、翌年前半まで揺れは続いたという。

このような様子からは、朝廷の仏事指令は、「京辺」の諸寺と、七大寺または一五大寺など古代以来の大寺との、双方に向けられていることがわかる。『金光明経』と『仁王経』を護国経典として読ませるのは、七世紀後半以来の政策である。『仁王経』は一〇〇僧が一〇〇高座で読む必要を述べており、『金光明経』は金鼓を打って懺悔する効果を説く。地震による不安の中で関白藤原忠平が行なわせた「百寺」の金鼓は、一見すると私的だが、古代国家の仏事という性質が濃い。ここでの「百寺」は、必ずしも平安京との本質的な関係をもっていないようである。

ところが、「百寺」の金鼓を打つ作法は、十世紀末ごろから変化した。まず、新しい作法が形成されてきた。長保元年（九九九）に藤原実資《さねすけ》は、数日来の病気を「求食鬼」によると占われ、治ってすぐに「百寺」の金鼓を打たせた。『小右記《しょうゆうき》』同年九月十八日条によると、蓮舫《れんほう》阿闍梨《あじゃり》とその仲間の禅師が、二人で分担したという。諸寺の僧が金鼓を打つのではなく、貴族に頼まれて代参した密教僧《みつきょう》や修行僧が打つという形式で、巡礼が成立している。

十一世紀末ごろの文例集『東山往来《ひがしやまおうらい》』には、「新年の勤め」に百寺を拝して金鼓を打とう、と誘いかける書状と返信がある。しかもそこには、摺った仏像を諸寺の堂に「押し着ける」（貼付のことか）という、「近代諸人」の行ないが話題になっている。巡礼の作法が新しく展開していったようだ。

しかも、巡礼する「百寺」は、平安京近辺に形成され始めた。藤原実資に代わって巡礼した蓮舫阿闍梨らの場合、徒歩で五〇ヵ寺ずつ巡ったというから、平安京近辺の寺院に限ったと考えられる。ほかに、近距離に「百寺」あったらしいことを示す史料がある。

藤原道雅《みちまさ》（九九二―一〇五四、藤原伊周《これちか》長男）の『詞花集《しかしゅう》』巻第四・冬には、「東山に百寺拝み侍りけるに、時雨《しぐれ》のしければよめる」ということば書きの下に、「もろともに山めぐりする時雨かなふるにかひなき身とはしらずや」と詠む一首がある。平安京からみた東山において、百寺巡りしたという。小堂舎を含めて数えているのかもしれない。(2)

十二世紀初頭に編纂された『今昔物語集』（巻第一六第一五）には、京に住む若く貧しい侍身分の男が、毎月十八日の縁日に観音を礼した話がある。この男は、年来のこととして「百の寺に詣でて仏を礼し」た。「昔は寺少なくして、南山階の辺《ほとり》に行きけるに……」とある。京を起点に、南東数キロの南山階《みなみやましな》までで「百寺」が満たされたのであろう。

十三世紀初頭に成立した説話集だが、『続古事談』巻第五には、丹波守藤原貞嗣《さだつぐ》（九九三年任命）が「北山」に詣で、「百寺」の金鼓を打ったことを述べる。貞嗣はその行為の最中に、鬼神にとりつかれてしまい、帰宅して三日後に死んだという(3)。京の北方に「百寺」があった。

以上の諸例から、十世紀後半には、徒歩によって一日ないし二日で巡礼できる「百寺」が、平安京近辺に形成されていたらしいことが推測できる。それらは「東山」や「北山」といった、平安京との位置関係が明白な仏寺群であるらしい。小堂舎や少し離れた寺院を含めて「百寺」を数えたようで、院政期ほどの密集状態ではないであろう。しかしすでに、平安京に近い百寺の巡礼という作法が形成されていたのである。

塔の新築ラッシュ

では、十世紀から十二世紀後半にかけて、平安京近辺の寺院やその塔は徐々に増えていったのであろうか。事実はそうでない。人々の自然な信仰心が拡大して壮大な仏教建築の繁栄に結実した、といった何気ない歴史は歩まれない。人為を促す契機と、遂行を支える意志があるはずである。時代は十二世紀の第Ⅰ四半期ごろ、主体は白河《しらかわ》上皇を核とする権力中枢、その力まかせと思われるほどの権力事業に注目しなければならない。そのように考える理由を、具体的な諸事実をたどりつつ説明しよう。

まず表に、文献に記録された、白河院治世期に造塔された事例を列挙してみる。塔とはいっても、

番号	時　　期	造　塔　内　容
㉓	大治2.3.12	法勝寺金堂で七宝塔と小塔1万基・白河（中右記，中右記目録）
24	大治2.3.19	円勝寺三重塔（西塔）・白河（中右記，御室相承記4，百練抄）
25	大治2.5.19	白河三重塔・白河（御室相承記4）
26	大治2.11.4	高野山で白河院祈願の塔と鳥羽院祈願の塔（中右記，長秋記）
㉗	大治3.3.12	法勝寺1万基小塔・白河（中右記）
28	大治3.7.20	鴨御祖社東塔・洛北（中右記，御室相承記4，百練抄）
㉙	大治3.9.28	法勝寺10万8000基小塔・白河（法則集下，中右記目録，御室相承記4）．この年に円塔18万3637基を小塔院に加えたという（大治3年10月22日白河法皇八幡一切経供養願文・本朝続文粋）
30	大治3.11.10	待賢門院祈願の円徳院多宝塔・近江国東坂本（中右記目録，百練抄）

寺院の伽藍を構成する木造の高層建築と、泥塔《でいとう》・小塔といった小型の塔とがある。後者については番号に○を付した。また、建てられた場所を記して下線を引いた。

まず木造の高層建築としての塔について、平安京近辺のものについて概観してみる。白河天皇時代の1法勝寺《ほっしょうじ》塔については、特別の意味があり、後で述べる。それに加えて、京の東、鴨川を越えた白河の地に、尊勝寺《そんしょうじ》の東西二塔、白河泉殿（法勝寺西側の白河院御所）の三重塔、最勝寺《さいしょうじ》の塔、円勝寺《えんしょうじ》の三重塔（二基）と五重塔、あわせて八基ある。その北側、洛北《らくほく》に属す上加茂社に東西の二塔が建った。洛南《らくなん》の鳥羽には、三重塔一基、多宝塔二基、あわせて三基である。そして京の北西に接する御室《おむろ》には、仁和寺《にんなじ》観音院《かんのんいん》の塔が造られた。以上を合計すると、この間に新設された塔は一四基である。白河院

白河治世期の造塔例

番号	時　　期	造　塔　内　容
1	永保3(1083).10.1	法勝寺八角九重塔・白河（後二条師通記，百練抄，扶桑略記）
2	嘉保2(1095)	皇后宮歓子小野塔供養（言泉集）
3	康和4(1102).7.21	尊勝寺東西塔・白河（中右記）
④	康和5.9.6	延暦寺泥塔10万基（為房卿記）
⑤	嘉承3(1108).3.23	鳥羽北寝殿南面方で三重小塔供養（中右記）
6	天仁2.8.18	鳥羽殿（後に成菩提院）三重塔・鳥羽（殿暦，百練抄）
7	天永2(1111).3.11	鳥羽殿（後に成菩提院）多宝塔・鳥羽（長秋記，中右記，百練抄）
8	天永3.2.17	石清水八幡宮塔（言泉集）
9	天永3.12.19	鳥羽殿（後に成菩提院）多宝塔・鳥羽（殿暦，中右記，百練抄）
⑩	天永4.7.4～13	仁和寺泥塔・御室（表白集第7，御室相承記4）
11	永久4(1116).3.6	春日社塔・南都（殿暦，百練抄）
12	永久4.6.1	賀茂社塔・洛北（言泉集）
13	永久5.3.12	白河泉殿蓮華蔵院三重塔・白河（殿暦，東寺長者補任，百練抄）
14	元永元(1118).12.17	最勝寺塔・白河（殿暦，中右記，長秋記）
⑮	保安3(1122).4.23	法勝寺五寸塔30万基・白河（12.15法勝寺小塔院として供養）（百練抄）．この時は26万3000基だという（大治3年10月22日白河法皇八幡一切経供養願文・本朝続文粋）
⑯	保安4.2.13	法勝寺小塔2万基・白河（御室相承記4）
⑰	天治元(1124).10	法勝寺28万4000基小塔・白河（法則集下，表白集第7）
18	天治元.10.1	仁和寺観音院塔・御室（御室相承記4）
19	大治元(1126).3.7	円勝寺三重塔（東塔）・白河（永昌記，百練抄，御室相承記4）
⑳	大治元.6.16	三条殿小塔・洛中（御室相承記4）
21	大治2.1.12	円勝寺五重塔（中塔）・白河（中右記，百練抄，御室相承記4）
㉒	大治2.2.18	熊野本宮で七宝塔と銀金小塔・熊野（白河ら参詣）（中右記）

を中心とする王家祈願寺の建設とともに、塔が増えていった。仮に、十二世紀後半段階で、平安京近辺に一〇〇塔あったとすると、白河院時代に約七分の一が新設されたことになる。

法勝寺八角九重塔

永保三年(一〇八三)に完成した法勝寺八角九重塔は、巨大かつ独特の外観であって、院政期文化を代表するとともに、院政の国家意思を象徴する構築物としてよく知られている。(4) 南北朝時代に落雷で倒壊してから再建されなかったが、近年の本格的な発掘調査によって、その威容がより明確に復元されることとなった。それとともに、日本の平安時代史を東アジア世界の中に位置づける研究が進み、法勝寺八角九重塔は国内文化としてのみ発想されたのでないということが知られてきた。

北宋や遼《りょう》には、同様の形姿の多層塔がいくつもある。しかも北宋の塔については、奝然《ちょうねん》ら入宋僧が実見している。奝然が朝廷に提出した日記の逸文には、初めて目にする八角の多層塔についての記述がある。八角の九重塔や十三重塔をみており、八角三重塔については阿育王《あいくおう》舎利塔だと伝えている(『覚禅鈔《かくぜんしょう》』「造塔法」、『小野類秘鈔《おのるいひしょう》』)。実際、北宋や遼の時代の八角多層仏塔が現存する。北宋の皇祐元年(一〇四九)に建てられた祐国寺鉄塔(八角十三重、河南省開封市)や、嘉祐二年(一〇五七)の霊巌寺辟支塔《びゃくしとう》(山西省済南市)など、また遼の重熙十八年(一〇四九)に建てられた慶州白塔(八角九重、内モンゴル自治区赤峰市)や、清寧二年(一〇五六)の仏宮寺釈迦塔(応県木塔、八角五重、内部は九重、山西省朔州市)などである。慶州白塔や応県木塔には、陀羅尼《だらに》経典や華厳経《けごんきょう》関係典籍が多く納

法勝寺塔復元模型（京都市歴史資料館所蔵）

北宋の塔（霊巌寺辟支塔）（文物出版社所蔵写真）

遼の塔（仏宮寺八角五重塔）
（文物出版社所蔵写真）

められており、密教要素が強い。(5)しかも北宋と遼の仏教交流は、高麗を介するルートもあり、対抗的に進んでいた。(6)白河天皇時代以後は、摂関政治時代とは違って、北宋や遼の権力と密着する密教の導入に積極姿勢をもっている。

法勝寺は、金堂に大日如来像《だいにちにょらい》を据えるなど、密教色が強い。(7)一方、天仁三年（一一一〇）五月には、白河上皇が作らせた豪華版の紺紙金泥一切経《こんしきんでいいっさいきょう》を備えるなど、[8] 宗派を超えた仏教の一大拠点にも位置づけられている。このようにみると、平安京近辺に数多く建てられた仏塔群は、決して八角九重塔ではないものの、法勝寺八角九重塔に象徴される平安京仏教の転換を、外見上にも示していたことが想定される。白河院の意図を含めて、さらに追究したい。

小塔の充満する法勝寺

一方、木造の高層塔の増加と並行して、法勝寺などでは「小塔」が大量に造られ、供養・安置された。法勝寺では三〇万基（二六万三〇〇〇基とも）、二万基、二八万四〇〇〇基、一万基（二回ある）、一〇万八〇〇〇基という記録がある。記録上の数字を合計すると七三万二〇〇〇基になる。一〇〇万塔を目指したという想定も浮かぶが、もしかすると阿育王塔の一〇倍に相当する八四万塔を目指したのかもしれない。その途上にあるものとして⑰二八万四〇〇〇基を位置づけると、端数をもつようにみえるが、実は「八万四千」を強調している可能性があろう。ただし、大治三年（一一二八）には「円塔」一八万三六三七基を加えている。これを合わせると、九一万五六三七になる。記録に残らなかったものを想定すると、一〇〇万を満たした可能性がある。[9]

法勝寺には小塔院が造られており、小塔の中心はやはり法勝寺である（⑮）。七宝塔も造られているが（㉓）、これは七宝舎利塔、つまり呉越王《ごえつおう》以来の阿育王塔（いわゆる銭弘俶塔《せんこうしゅくとう》）の形式ではなかろうか。七宝塔は、白河院が自ら参詣した熊野本宮でも、銀金小塔とともに供養されている（㉒）。輪

A　五輪塔

B　宝　塔

D　宝篋印塔

C　型押しの宝塔

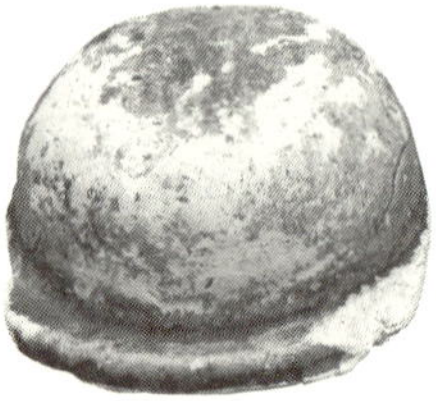

E　円　塔

小塔・泥塔・円塔

（A～D 京都大学大学院工学研究科所蔵，E 京都市埋蔵文化財研究所所蔵）

遼の朝陽北塔（『朝陽北塔』より）

入した銭弘俶塔か白河院新造かは不明だが、七宝舎利塔、銀塔、金塔、いずれも銭弘俶塔型の阿育王塔である可能性は高い。そうすると、法勝寺の膨大な小塔群も、同じ思想系譜のもとに造営されたと考えてよかろう。八角九重塔をはじめ木造高層塔の新造もこの点に関係するはずであり、今すこし追究したい。

小塔は泥塔とも呼ばれるが、形からは次のような種類がある。実例遺物を挙げると、A五輪塔、B宝塔、C型押しの宝塔、D宝篋印塔《ほうきょういんとう》、E円塔がある。[10]

Dは宝篋印塔といわれているが、むしろ銭弘俶塔型の阿育王塔である可能性がある。E円塔は、緑色の釉薬《うわぐすり》を塗った焼き物で、下部の円盤の直径は三センチ、四・五センチ、七センチあまりといったものである。法勝寺小塔院には「小塔」と「円塔」があると記録され（㉙）、出土の饅頭型土製品はこれに当たるであろう。[11]インドにおける塔の原形は、土饅頭型の墳墓（ストゥーパ）であり、その小型類品だという指摘がある。[12] 遼の朝陽北塔には、よく似た円塔が納められており、法勝寺のものに先行する例として注目される。[13]

すでに一九二五年の『京都府史蹟勝地調査報告書』第六冊で指摘されていることだが、法勝寺の遺跡からは、多くの古瓦が出土している。ここで、関係するものだけをあげれば、軒丸瓦には、宝塔模様のものや、水輪に「𑖀」と記された五輪塔模様がある。軒平瓦にも同様の模様があり、スタンプ状の型で数多く刻印したものもある。出土地などの詳細な検討は、今後の研究にゆだねざるを得ず、小塔院に集中するものか、ほかの堂舎におよぶものか、不明である。また、これら小塔の模様を込める行為が、数十万という小塔供養そのものである可能性も指摘されている。[14] その点もまだわからないが、小塔の意匠によって、舎利塔の思想を込めながら増築されたことは確かである。いずれにしても、法勝寺は、先に造られた八角九重の大塔に加えて、充満する小塔によっても特徴づけられた寺院であった。

泥塔の大量生産とその作法

粘土を主素材とする小塔には、作成の作法があった。⑮には五寸（約一五センチ）だと記している。短期間に大量生産するわけだが、小さくはあっても単なる縮尺模型ではなく、仏教作法を伴って造られる舎利塔婆である。

⑩天永四年（一一一三）の例では、仁和寺僧二〇名が一〇日間にわたって、「如法如説《にょほうにょせつ》」の（正統な

法勝寺古瓦（西田直二郎『京都史蹟の研究』より）

作法として伝えられた）「泥塔造立供養」を行なった。この供養の冒頭で読まれた表白《ひょうびゃく》（「白河院泥塔供養表白不知作者」金沢文庫蔵二二巻本『表白集』第七）[15]には、「一日二日の供養にあらず、十か日の斎筵《さいえん》なり。一基二基の塔婆にあらず、若干（たくさん）の薫修《くんじゅ》なり」とある。泥塔造立が特定の儀式作法を伴って実施されている。この時のものかどうかはわからないが、Cの裏側に、「泥塔八万四千内仁和寺」と陰刻されており、数を決めて計画的に造ったことがわかる。そして、五輪小塔の場合だが、次のような、造塔の作法に関する詳しい記録がある。白河院政末期に意図して残された記録にもとづいているらしい。

大治二年（一一二七）十二月二十八日から同四年一月十五日にかけて、つまり一年あまり（三七一日間）、造塔法という密教修法が行なわれ続けた。実施場所はわからないが、小野流の真言密教僧寛《かん》信《じん》が、白河上皇に命じられたのである（『覚禅鈔』「造塔法」）[16]。実施前には、「泥塔一百基」を造る祈りの支度（香や供米その他の必要品リスト）が、寛信側から白河院側に送られたが、それは一日分について記したに過ぎない。一日に泥塔一〇〇基を造るのであり、その際に蘇・蜜・白檀《びゃくだん》といった香薬類を使って祈り、また一基別に一升の供米（一〇〇基で一石）と五合の油も用いられるという。塔の素材たる「泥」（粘土）[17]については記されていないが、阿闍梨として祈る寛信の近くで成形された可能性がある。祈りの際には、一〇〇基の泥塔は新しい筵《むしろ》の上に並べるという。

しかもこの造塔作法は、三七一日間、計三七一回の供養が遂げられ、泥塔三万七一〇〇基が造立された。この間、毎日、『造塔延命経』が読まれたほか、仏眼真言・大日真言・宝篋印《ほうきょういん》陀羅尼・不動真言をそれぞれ三万七〇〇〇回、尊勝陀羅尼を七七九〇回、無垢浄光《むくじょうこう》陀羅尼を七一〇〇回、一字金輪《いちじきんりん》真言を一一万一三〇〇回が唱えられた。おそらく毎夜、単調な秘儀が密室で実施され、それに伴って膨大な数の泥塔が造られていったのである。泥塔を大量生産した目的は、白河上皇の「御息災安穏・増長宝寿」といった願いにあるという。

寛信の残した記録を参照したらしい孫弟子覚禅によると、寛信は泥塔をたびたび造立したという。『覚禅鈔』「造塔法」には、その造り方まで記されている。

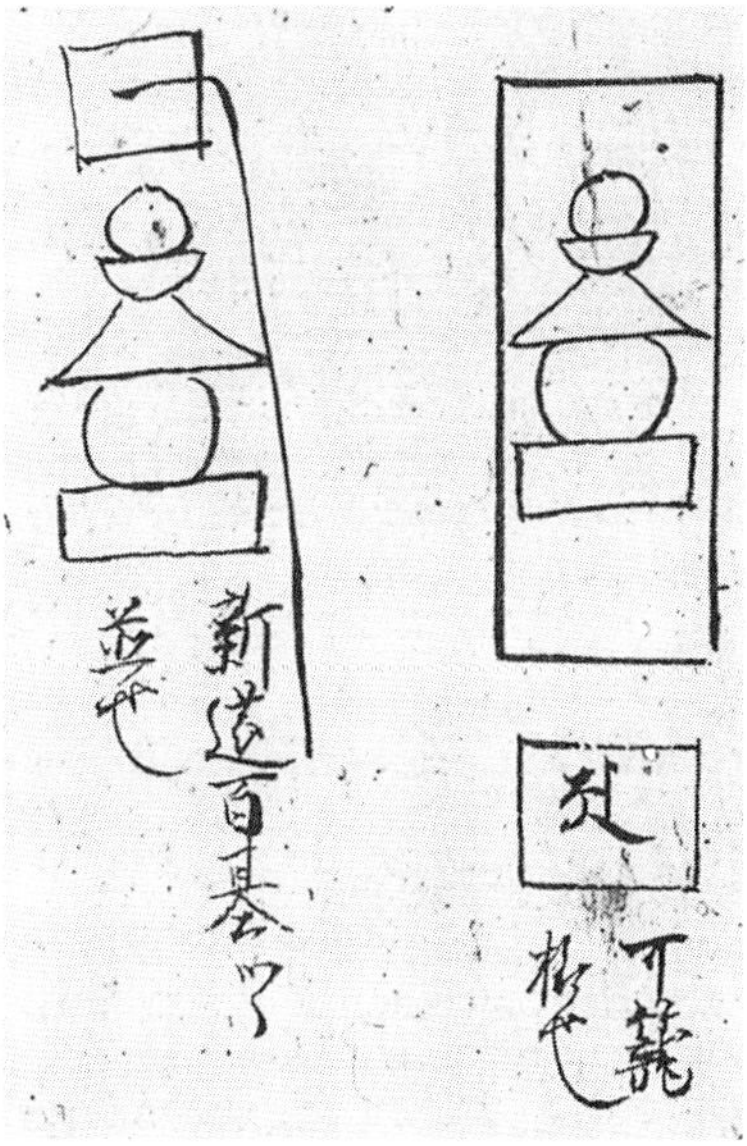
五輪塔図（『覚禅鈔』「造塔法」勧修寺所蔵）

・浄土を適当な大きさに丸め、香を塗って木型に入れる。
・阿字（「𑖀」）を書いた四角い紙を下から入れ、その後で木型から出す。
・塔を描いた紙[18]を四角く切って細竹に挟み、地輪に挿して天蓋とする。

そして『覚禅鈔』には、五輪塔の図が載せられている。一〇〇基の塔や八万四千泥塔を造るという例は以前にもある。[19]しかし、五輪塔については見当たらないし、毎日祈りながら一〇〇基を造るというのはいかにも特殊である。小塔や泥塔を八万四千基造るという先例は存在したし、④康和五年（一一〇三）には延暦寺で泥塔一〇万基が造られている。それら先例を参照しつつ、白河院は、新たな展開を寛信に実行させたのである。

八万四千をはるかに上回る数にしたこと、真言密教を採用したこと、祈りの形式を作って書面として継承させたこと、[20]平安京近辺に高層塔を新設する政策と連動していたこと、これらの点はやはり、相当に意図的に進められた新しい政策であった。

平安京大改造と仏塔

高層塔も小塔も、宗教上の本質は舎利塔婆、つまり釈迦の遺骨を納めた施設である。仏祖を象徴する塔婆が、膨大に分骨された塔婆群として、日本の権力中枢の所在地たる平安京をとりまく。そのような、いわば特異で不自然にさえ感じられる状況は、信仰心の深まりや仏教の浸透といった説明では済まされないであろう。どういう契機で、何を目的にして、このような事業が推進されたのであろうか。

塔には、舎利がこめられる。その舎利には、Ⅰ伝来した釈迦の遺骨そのもの、Ⅱ実物の舎利に変じた粒状の鉱物、Ⅲ『法華経《ほつけきよう》』『無垢浄光陀羅尼経』『造塔延命功徳経《くどくきよう》』『宝篋印陀羅尼経』など舎利と同体視された特定経典（法舎利）、Ⅳ大日如来を象徴する阿字（「𑖀」）、といった種類がある。釈迦の遺骨を祀る塔は、一般的・普遍的な存在のようにみられがちである。しかし、外形に違いがあることは知られているが、納入物にも歴史の変遷によって右のような種類が出てきた。大事なことは、そのような塔を造ろうとする人為の歴史である。造塔事業に力を注いだ白河院には、分かちがたく関係する二つの意図があった。一つは、自身の延命祈願である。もう一つは、I部第四章で述べたような、国際情勢を勘案した平安京の改造である。

白河院は、『造塔延命経』を典拠として、自らの長寿を真剣に願った。『遮那《しやな》経王《きようおう》不思議《ふしぎ》疏伝《しよでん》』にいう「五輪は身中の五支なり」という文や、『秘蔵記』『大日経疏《だいにちきようしよ》』などから「身体と塔は同じ」とか「心即ち塔」といった説を、寛信から得たのであろう（『覚禅鈔』）。五輪塔を心身と重ね合わせ、その息災長寿を祈ったのである。長寿延命への強い願いについては、ほかの仏事でもあらわされている。大治三年（一一二八）十月二十二日に、白河法皇は石清水《いわしみず》八幡宮に一切経を奉納し、その供養願文を捧げた。そこには、「十年の余算を延べんとほっす」と述べられている。結果的には翌年七月七日に七十七歳で死去するが、晩年の延命祈願は、現世への執着といった一般的な理由では説明しきれないと思う。

先の章で、金の攻勢と北宋・遼の滅亡などに結果した東アジアの国際政局が、白河院ら権力中枢に知られており、それが仏都平安京への大改造政策を促したことについて、概観した。塔の増築は、釈迦の遺跡を日本に据えるという意思の端的なあらわれであろう。このことは、世界各地に数多く伝わる舎利に対して、舎利の変種でありかつより稀少で尊貴な如意宝珠《によいほうじゅ》なるものを重視して実施した、如意宝珠法とも関係する。白河院が突然小野流真言僧勝覚に下命して如意宝珠法を実施させたのは、大治二年十二月二十七日のことである。それは北宋の滅亡などの情報について、公卿らが議論した陣定の翌日であった。そして如意宝珠法を始めた翌日に、寛信が造塔法を始めた。(21)舎利塔の変形種としての五輪泥塔の供養と、舎利の転形たる如意宝珠を用いた修法とには、共通する政治背景がある。急ごしらえで短期間（翌年正月八日まで）の如意宝珠法に対して、長期間で三万七一〇〇基の五輪塔を残した造塔法は、院の政治認識を、少なくとも近臣層に理解させる役割を負ったであろう。

先にも触れた永久元年（一一一三）「白河院泥塔供養表白不知作者」(22)には、次のような文言がある。

おおよそ造塔の次第は、専ら釈尊《しやくそん》の説くところに任す。供養の儀式は、また密教の作法ならざるはなし。（中略）かの呉越王の七宝の塔に和し、その数は未だ十万に満たず。司空は一日の斎を儲け、その義はなお三密を隔つ。

釈迦に始まる作法だと述べつつ、歴史的には後世成立した密教の儀式を最初からの形式として正当化している。また、十世紀の呉越王銭弘俶の八万四千塔造立は一〇万基に満たない未完成な事業で、高官（「司空《しくう》」）は一日だけ簡単な供養で済ませて密教のような充実した儀式にはほど遠いという。白河院には、東アジアの阿育王塔造立史を乗り越える意思が満々である。その内実は、数で上回る力まかせの事業推進なのであるが。

大治二年十二月の造塔法表白（『覚禅鈔』）では、五輪塔造立供養の功徳について、「災禍を千里に攘《はら》い、長く疾病邪鬼の名を削る。福祐《ふくゆう》を万年に保ち、鎮めて長生久視の薬を翫《もてあそ》ぶ」と述べ、「国母」待賢門院(23)ともどもの延命を阿闍梨に祈らせた。直接には延命の祈願があらわされた文だが、ここには、東アジアの軍事的・政治的な激動の災禍を千里の彼方に遠ざけておきたいという思いが分かちがたく結びついている、と読むべきではなかろうか。

百塔巡礼の作法と意味

冒頭に述べた、治承三年（一一七九）の百塔巡礼について考えたい。白河院が死去して半世紀がたっている。白河院政の後期、つまり十二世紀初頭ごろから治承四年の内乱勃発までの間は、仏都としての平安京改造を中心事業として、日本中世仏教が成立、展開し、仏教を組み込んだ社会編成が進展した時代であった。鳥羽院政や後白河院政も、この基本路線を事実上で継承している。造塔だけについてみれば、保延五年（一一三九）には「（鳥羽）院御祈泥塔二万基造立供養」（『醍醐雑事記』巻七）や、保元二年（一一五七）三月十三日から一〇〇日間の五輪泥塔毎日一〇〇基造立の例がある（『阿娑《あさ》縛抄《ばしょう》』第七七「造塔」）。

藤原忠親の日記『山槐記』(24)によると、治承三年二月には二グループがそれぞれ三日間で巡礼した。十二日に先発したのは、左大臣藤原経宗《つねむね》をはじめ大納言実房《さねふさ》や右中将頼言《よりとき》の一行であり、「延齢の祈禱」だという。二十三日に後発したのは藤原忠親らで、四十九歳の「重厄《じゆうやく》」による勤めだという。

先発した藤原経宗らは、初日に、稲荷北辺から清水寺をへて祇園《ぎおん》辺までで五〇基。二日目に、粟田《あわた》口《ぐち》から白川堂にいたり四二基。三日目に、五辻北辺から広隆寺《こうりゅうじ》へ二八基。平安京の周囲を、南東から反時計回りに北西まで巡った。合計して一二〇基である。

後発の藤原忠親らは、初日に、広隆寺方から春日木辻・一条櫛笥《くしげ》辺を経て法成寺《ほうじょうじ》・浄土寺から白川辺まで四〇基。二日目に、また広隆寺を基点に仁和寺・知足院《ちそくいん》・雲林院《うんりんいん》・皮堂《こうどう》（革堂）にいたり三二基。三日目に、東寺から法性寺《ほっしょうじ》・法住寺《ほうじゅうじ》・観音寺・長楽寺・清水寺・六波羅蜜寺《ろくはらみつじ》へ五六基。平安京の周囲を、北西から時計回りに半周したことになる。合計して一二八基である。先発隊と逆順に巡ったようである。

両グループが巡礼した塔は、およそは平安京外周にある。『山槐記』の記述はすべての巡礼先を記していないが、おそらく小塔ではなく、高層塔のほぼすべてであろう。

両グループの三日間での効率的な行程から考えると、この巡礼は場当たり的ではなく、計画的だったと思われる。しかも注目すべきことに、各塔での参詣作法があったらしい。より具体的には、藤原忠親自身の行為についての記事が参考になる（治承三年二月二十三日条）。

そもそも塔一基別に、一塔・一花・一香焼・仏布施（雑紙一帖につつむ）を供す。また高塔に押し摺《す》る。弁円《べんえん》大徳をあい具し、塔を廻遶《かいにょう》せしむること三匝《（回か）》。所作は、心経一巻、寿命経一巻、宝篋印陀羅尼一反《ぺん》、尊勝陀羅尼七反、延命真言廿一反なり。摺るところの塔は、一昨日すべて供養しおわんぬ。

供養物の内の「一塔」とは、小型の紙に摺った塔の図像であり、巡礼した塔ごとに貼り付けたのであろう(25)。二日前に予定枚数を摺っておいて、祈りをこめておいたという(26)。図柄は不明だが、造塔法の図様（一五一頁）や後白河院の五輪塔重視のことを参考にすると(27)、ここでも五輪塔図だったであろう。

また僧弁円を伴って巡っていたことがわかり、藤原忠親ら巡礼者とともに塔を三周りするという。『宝篋印陀羅尼経』には、「一華一香」を捧げて礼拝し「右繞行道」すれば、官位の栄達や寿命の増進などさまざまな利益があると説いている。弁円によって唱えられた数種類の真言・陀羅尼は、忠親ら巡礼者の延命祈願にふさわしい。宝篋印陀羅尼と尊勝陀羅尼は、白河院政期に寛信が行なった造塔法でも唱えていた。特に『宝篋印陀羅尼経』に含まれる宝篋印陀羅尼は、舎利と同体だとみなされた。呉越国や北宋の時代から重視された、塔の本質を構成する要素である。

用意周到に計画された藤原忠親らの百塔巡礼は、十世紀以来の東アジア世界に特徴ある仏教を踏まえつつ、平安京を取り囲む空間で組織的に実行されたのである。

藤原忠親らの百塔巡礼は、自発的な信仰行事ではなかろう。長寿祈願とは、忠親らの私的願望ではあろう。しかし彼ら巡礼者は、後白河院近臣でもあり、少なくとも両グループは巡礼情報を伝え合っている。

平安末期の百塔巡礼とは、信心深い貴族が、気晴らし程度の参詣を思いついた、といったものではない。平安京を内実のある仏教空間として機能させるという、半ば以上は政治的巡回だったとみるのがよかろう。塔に囲まれた平安京という、特徴ある外観の由来と本質を、鮮やかに示す行事であった。

Ⅲ　新しい仏教の時代

第一章　究極の秘密仏事

平安京中枢の秘密仏事

権力中枢を掌握した上皇は、平安京を真言密教《しんごんみっきょう》の一大拠点として改造した。大規模な寺院や大勢の僧侶たち、新奇で荘厳な仏事の数々が想像される。しかし、密教、すなわち秘密仏教は、教えや儀礼を専門僧が守秘するという性質だけが特徴なのではない。時には権力者が命じた大規模な仏事であってさえ、目的や内容さらには実施の事実さえも秘密の内に、まったくこっそりと遂行される場合がある。政敵を呪詛する修法《しゅほう》こそ、院政期平安京の権力中枢の秘された本質を実演するものであった。

この分野の研究は、史料の開拓を含めて、まだまだ解明の途上にある。その中で、瞠目《どうもく》すべき実態が明らかになった一例として、転法輪法《てんほうりんぼう》について、できるだけ詳しく明るみに出してみたい。

史料は、『覚禅鈔《かくぜんしょう》』なる真言密教の儀礼集成書である。平安時代末期から鎌倉時代初期に活動した真言密教僧覚禅が編集した書物で、密教儀礼ごとに典拠、先例、本尊、道具、儀式次第などを編集し、一巻ごとにまとめられている。『百巻鈔』とも呼ばれる大部な書物である。そこには、主に真言宗小野流の立場からだが、日本の密教史に関係する文献がふんだんに参照・引用されている。かつての秘書は、今日では『大正新脩大蔵経《たいしょうしんしゅうだいぞうきょう》』の図像編で容易にみることができる。(1)『覚禅鈔』の中から、「転法輪法」と題する一巻に分け入りたい。

転法輪法とは聞きなじみない仏事名だが、経典類によって日本に伝わった時代は意外に古い。『転《てん》法輪菩薩摧魔怨敵法《ほうりんぼさつさいまおんてきほう》』なる物々しい名前の書物は、唐僧不空《ふくう》が中国語訳したものを、空海が日本に持ち帰ったという。類似の、または関連する仏書を、最澄《さいちょう》、恵運《えうん》、円仁《えんにん》、宗叡《しゅうえい》という九世紀の日本僧が唐で入手して帰っている。平安時代の前半には、漢訳仏典類をくまなく輸入し、できるだけ良い写本を備えるというのが、日本国家の方針であった。入唐僧はその課題を意識しつつ、目録と照合して、未見の書物を探したのであろう。ただし、仏典類の入手は、そのまま日本での仏事実施には結びつかない。必要だと判断されてはじめて、仏教行事として演じられる。書物の入手ないし知識の保有と、仏事の実演とは、一応区別されねばならず、そこに日本史に固有の事情が表面化する。

転法輪法の実施

『覚禅鈔』が記す転法輪法の実施は、次の六例である。

①万寿二年（一〇二五）三月　仁海《にんがい》が実施。
②康和元年（一〇九九）八月　範俊《はんしゅん》が実施。藤原師通《ふじわらのもろみち》が死去。
③久安六年（一一五〇）六月　俊寛《しゅんかん》が実施。
④応保二年（一一六二）五月二十五日　宝心・源運が実施。興福寺大衆《こうふくじだいしゅ》を調伏《ちょうぶく》。

⑤安元三年（一一七七）五月一日〜六月十八日　行海《ぎょうかい》が実施。
⑥寿永二年（一一八三）九月十二日〜十月十七日　勝賢《しょうけん》が実施。

担当僧、阿闍梨《あじゃり》は、いずれも真言宗僧、それも小野流と呼ばれる、京都の南東部、醍醐寺《だいごじ》・随心院《ずいしんいん》・勧修寺《かじゅうじ》を拠点とする派閥の有力僧である。①は摂関期の事例で、雨僧正《そうじょう》として知られる仁海が、いかなる事情で転法輪法を修したのか、現在のところ関連史料を見出しえない。後世に小野流の祖として顕彰される傾向があるが、転法輪法の実施については不明といわざるをえない。

②の範俊は、白河《しらかわ》天皇の下で密教をもって仕え始め、白河院政時代には近臣の僧侶というべき立場で、数々の役割を果たした。転法輪法の実施は、白河院の命令によるに違いない。実施も、その目的も、秘密にされるからこそ依頼主は重視したのだが、白河院は、こともあろうに関白藤原師通を調伏する目的で、範俊に指示したらしい。『覚禅鈔』には、「範俊僧正これを行う。法験あり。後二条関白薨《こう》ずと云々」とある。しかも、範俊の弟子寛信《かんじん》の『小野類秘鈔《おのるいひしょう》』（『真言宗全書』三六）にはもっと直接の表現がある。「仙院（白河）、権僧正範俊をもって修せしめ給うの間、後二条関白薨じ給うと云々」とある。覚禅はこの記事を直接または間接に参照したのであろう（ただし覚禅は「康和二年」と誤記している）。転法輪法が調伏法として実施されたことはまず間違いない。

白河院政は、その前半には藤原師通の政治力もあって、必ずしも恣意的な政治力を発揮できなかったが、師通の死後、その掣肘《せいちゅう》から解放されていく。師通が病死した理由について、山門比叡山《ひえいざん》僧らの呪詛によるという風説があったらしいが（『平家物語』巻第一「願立」）、権力者の急死をめぐっては、水面下の対抗関係が表面化する可能性を生む。それでもなお秘され続けていたのが、間近で政治協調していた白河院が調伏を指示していた、という可能性が密教史料から浮上した。

③④の詳細は不明だが、④の場合、院権力に近い真言密教と、院政に対して自らの意思を示す南都《なんと》興福寺とは、政治的立場に大きな違いがあることを示している。⑤⑥については、詳しいことがわかる。この章で扱う中心である。

その前に、祈りには不可欠の本尊について確かめておこう。本尊には、転法輪法が実施された時代の特徴を知る手がかりがある。

といっても、極端に秘密で、また実施例も少ないゆえか、十二世紀においても転法輪法の本尊の正体については、真言密教僧の間でも諸説があったという。「本尊は不分明」とか「別して本尊なし」という口伝がある一方、無能勝《むのうしょう》、金輪《きんりん》、地蔵、大輪明王《だいりんみょうおう》、弥勒、不動といった諸説をあげる者もいる。確定していないのではないかという推測と、創作に近い新しい修法ではないかという疑いが生じる。

しかし②範俊が実施した時のことについて、「故僧正（範俊）、院の御祈りを行わるるの時、唐本曼《まん》茶羅《だら》摺本《しゅうほん》を懸けらる」という記録がある。範俊の弟子、寛信の『小野類秘鈔』に記されたもので、その傍注には「大輪曼荼羅歟」とある。『覚禅鈔』の③の先例では、「大輪明王曼荼羅」を用いたことがわかるので、大輪明王曼荼羅として間違いなかろう。ではこの大輪明王とは何か。

大輪明王は、空海らが輸入した密教には存在しなかった。ずっと後、北宋の熙寧六年（一〇七三）、入宋していた日本天台僧成尋《じょうじん》は、皇帝神宗《しんそう》に厚遇されて宮中などを巡見した際、珍しい仏教文物に接しており、経典や仏画などを購入して日本に送った。その中に、大輪明王像が含まれている。その新奇な像様に関心をもった成尋は、日本へ送る日記の中に、次の様に記述している（『参天台五臺山記』熙寧六年三月九日条）。

大輪明王を見る。二臂《にひ》にして、おのおのに一蛇、肘に繞《めぐ》る。右手に棒を執る。棒の上に髑髏あり。一蛇ありて髑髏を遶《めぐ》り、自ずから棒を繞る。仏頂に化仏《けぶつ》あり。

ここには書かれていないが、忿怒《ふんぬ》相の異形像だったのであろう。成尋が宋で注目するのは、日本にはもたらされていない経典や仏像などである。大輪明王像についても、空海ら入唐僧が見逃していたというよりも、北宋時代にインドをはじめとする西域方面から組織的に導入した、新しいタイプの密教（後期密教）に含まれていたのではないだろうか。白河上皇がこれらに関心を寄せたのは、今少し後、まさに範俊との結びつきをもってからである。範俊は、承暦四年（一〇八〇）に白河天皇の求めに応じて、如法愛染王法《にょほうあいぜんおうほう》なる北宋系の新式密教修法を担当している。北宋朝廷には、以前の密教にも増して呪術色の濃い後期密教が導入されている。後期密教は、無上瑜伽《むじょうゆが》密教などとも呼ばれ、性の根源的力を引き出そうとする特色をもつ。また、仏敵に対する強制的な救済という論理（度脱《どだつ》）のもとに、呪殺の威力を重視する。しかもこのような後期密教は、北宋と軍事的に対峙する遼《りょう》の仏教にも導入されており、西夏や高麗など、東アジアの仏教に共通する新しい要素になっていた。しかも一〇九一年には、宋・高麗・日本などの出身者からなる混成商人船が遼に渡り、その一員に日本僧明範《みょうばん》が含まれていた（『遼史』大安七年条、『中右記《ちゅうゆうき》』寛治六年九月十三日条）。明範を範俊の弟子僧と考え、遼への渡航の背後に白河院による後期密教導入の意図を想定するのは、あながち無理なことは思われない。少なくとも、成尋が一〇七三年に北宋から送った大輪明王像は、明範が一〇九一年、遼に渡ったころまでの間に、白河院の注目するところとなった可能性は高い。(2)範俊が藤原師通を呪詛したのは、その後のことである。

後白河上皇と転法輪法

実施した先例の⑤については、『覚禅鈔』に関係の文書がそっくり引用されている。巻数《かんず》と呼ばれる様式の、担当した阿闍梨の名前で依頼主に送られる実施報告書で、祈禱の内容が具体的に列記されている。修法の最終日たる結願《けちがん》の作法において、この巻数に祈りの内容がこめ移され、受け取った依頼主に対して護符の効力をもつという。担当僧のもとにとどめられた案文《あんもん》（写し）が、秘密文献の編集に採用されたのである。生々しく、また重要な事実を含むので、全文を示してみる。

調伏御修法所
　修し奉る

大壇供《だいだんく》一百五か度
護摩供《ごまく》一百五か度
諸神供《しょじんく》一十五か度
念じ奉る
仏眼真言《ぶつげんしんごん》十一万三千返《ぺん》
大日真言一万二千六百返
十字仏頂真言二万五千二百返
(大輪明王)本尊真言五十万返
降三世《ごうざんぜ》真言十一万二千六百返
大金剛輪真言十一万二千六百返
一字金輪真言十万三千返

右、太上法皇の御息災安穏《ごそくさいあんのん》・増長宝寿《ぞうちょうほうじゅ》、天下泰平・御願円満のおおんために、五月一日より始めて、今月今日に至り、六七《ろくしち》か日夜の間、九口の金剛仏子ら、殊に精誠を致し修し奉ること右のごとし。

安元三年六月十八日　行事大法師延助
阿闍梨法印大和尚位権大僧都《そうず》行海

担当の阿闍梨は大僧都行海（醍醐寺僧）であり、弟子たる真言密教僧（「金剛仏子」）を率いて、後白河院のために四二日にわたって勤めたのである。その目的は、後白河院の「御息災安穏・増長宝寿」とあり、「天下泰平・御願円満」ともいうが、それは冒頭にいう「調伏」を実現してこそである。しかも、巻数を発給する祈禱所を「調伏御修法所」と呼んでいる。醍醐寺内の一角を指定したものか、後白河院または近臣貴族の邸宅内に設営した仏間（壇所）か、後でみる別の時の例などから考えて、おそらく後者であろう。「日夜」修したとあるが、修法所に寝泊まりした僧侶らは、夜に行なうのが通例である。本尊の前の大壇での供養作法のほか、僧侶らが口々に唱える各種の真言（陀羅尼《だらに》、呪文）は延べ数十万回である。

問題は、後白河上皇はなぜこの時期に、六週間にもわたる調伏の秘法を命じたのかである。調伏の対象は誰なのか。それは平清盛《たいらのきよもり》であったに違いない。

『平家物語』によってよく知られた安元三年（一一七七）の鹿《しし》ケ《が》谷《たに》事件（安元事件）は、後白河法皇の近臣たる藤原成親《ふじわらのなりちか》、平康頼《やすより》、俊寛、西光《さいこう》、北面の武士らによる平家打倒の密議が未然に発覚し、迅速に対処した平清盛の処置で首謀者が一斉逮捕されたという一件である。ほぼ並行して、前年の加賀国司藤原師高《もろたか》と同国鵜川山寺《うかわさんじ》との紛争に端を発した、後白河院政と山門比叡山との対立が緊張度を高めている。実のところは、山門攻撃を実行しようとする後白河院に対して、比叡山との協調路線をとる平清盛による実力阻止こそ事件の本質であるという説もある。[3] ただ、「入道相国を危《あや》ぶめるべきのよし、法皇および近臣ら謀議せしむ」という西光の白状や（『玉葉《ぎょくよう》』同年六月二日条）、「ことを大衆の謀《はかりごと》に寄せて禅定相国を誅せんとほっすとうんぬん」といった観測は（『顕広王記《あきひろおうき》』同年六月五日）、気になるところである。

そのことを考慮しつつ、転法輪法の実施期間を位置づけてみる。安元三年四月十三日、山門衆徒二千余人が国司藤原師高の流刑を求めて強訴《ごうそ》し、翌十四日には師高の尾張国配流が決定された。ところが、後白河院の意向で、山門強訴の責任者とされた座主《ざす》明雲《みょううん》が処罰された。伊豆に配流されることになった明雲は、五月二十一日に出京したのだが、翌々日には近江国で山門衆徒に奪還された。そこで五月二十八日、後白河院が山門への武力攻撃を平清盛に合意させた。しかし六月一日〜六月三日、福原から駆けつけた平清盛の指示によって、後白河上皇の近臣らは一斉に逮捕された（以上『玉葉』『百練抄』）。

後白河上皇が醍醐寺僧行海に転法輪法を実施させたのは、多勢で実力を誇る延暦寺僧らへの怒りとともに、自身の意向に沿わない清盛に対するいらだちが、屈折した行動として具体化したものではないだろうか。もしそうだとすれば、六月はじめにすばやく決着させられた騒動の後、なお二週間あまりも予定通りに秘密修法を続けさせていたことになる。政治史の表面と、政治家の内面とは、単純に割り切れる関係にないのは当たり前のことであろう。密かに考えていただけで歴史の進路に無関係であれば、あえて解明する必要もない。しかし、執拗で周到な呪詛法の完遂は、一時の対立感情ではない確信行為の根深さを想像させる。転法輪法のことはバレなかったが、清盛を激怒させるに十分な院側の動きが察知された可能性があろう。ともあれ、この後も重大局面に関与し続けた後白河院の政治手法について、念頭に置くべき一事例ではないかと思う。

後白河上皇が平清盛を調伏の対象にしたという推定には、なお別の根拠がある。それは、転法輪法という儀礼の過程や、そこで使用される道具に立ち入って考察することで見出される。そのことを含めて、『覚禅鈔』が記録する⑥の事例、寿永二年（一一八三）九月十二日から五週間にわたって行なわれた場合について、復元的に探ってみよう。治承・寿永の内乱（源平合戦）の真っ最中、しかも七月の平家都落ちから源義仲《よしなか》入京、九月初旬の源頼朝《よりとも》入京の噂や後白河上皇との駆け引きなど、政治史の急展開期において、平安京の統括者が実施した秘密宗教行事である。後白河院に命じられた醍醐寺僧勝賢を阿闍梨とする転法輪法に、覚禅も伴僧の一人として参加した。その際に収集した記録が、『覚禅鈔』にまとめて収められている。この事例を研究した論文もあるが(4)、本書の主題に絞ってみつめてみたい。

仏事の空間

寿永二年（一一八三）九月九日、勝賢らは後白河院に命じられて醍醐寺三宝院を出て法住寺内裏《ほうじゅうじだいり》に向かい、一〇壇を連ねた不動供のうちの一壇を担当しようとした。ところが道中、院宣をもった使いと出会い、不動法を中止し、三日後に転法輪法を修すよう変更すると伝えられた。院宣には、「近年凶賊充満し、闘乱競い起こる。はじめは漸《ようや》く州郡を劫奪し、今は王城に乱入せんとす」との危機感を述べ、転法輪法によって「逆類の邪心を静める」のだという。予定されていた不動法の計画内容は不明だが、一〇のグループが担当する、大がかりな修法だったのであろう。変更された転法輪法は、真言宗小野流のみが担当できる建前であるから、小規模で秘儀性の高い修法を選びなおしたのかもしれない。ただそれは、五週間という長期にわたった。

十二日の未の刻（午後一～三時）、勝賢は覚禅ら六人の伴僧とともに法住寺内裏に向かい、申の刻（午後三～五時）には準備にとりかかった。修法は後白河院の子、仁和寺宮守覚法親王《にんなじのみやしゆかくほつしんのう》を実施責任者としており、重要な道具が守覚側から与えられた。その一つは、修法の最中に使用する香薬である。五宝（黄金・白銀・真珠・螺貝《らがい》・赤珠《あかだま》）や五香（沈水《ちんすい》・薫陸《くんろく》・白檀《びやくだん》・丁字《ちようじ》・龍脳《りゆうのう》）のほか、人参（朝鮮産か）や安息香《あんそくこう》（パルティア産か）など、輸入品を含む貴重品である。かつて範俊が平正盛に白河上皇へ献上させたという銭塘香《せんとうこう》は、中国江南の銭塘県産だと考えられ、転法輪法を正統化する要素の一つになっているようだ。守覚から与えられたもう一つは、「範俊相伝の筒」（転法輪筒《てんほうりんとう》）である。黒色で、杉を円形に造っており、立てて使うのだという。この筒こそ、転法輪法の個性を最もよくあらわす。後に詳しく述べる。酉の刻（午後五～七時）、法住寺内裏の一角を転法輪法の実施場、つまり壇所としてしつらえる作業が進められた。これには、醍醐寺側の伴僧らとともに、後白河院側から藤原定長《さだなが》が奉行として関与した。本尊には、三宝院経蔵からもってきた大輪明王曼荼羅がかけられた。

壇所《だんしょ》の様子を詳しく探ってみよう。『覚禅鈔』には、壇所図（指図《さしず》）が掲載されている。(5) 東西に長い建物の内部を描く図面である。「法住寺北内裏」だと注記があり、後白河上皇の法住寺殿にある七条上御所の一角である。外部は寝殿造り建築だが、板敷きの内部を修法用に設営しているのである。およそ間口四間、奥行二間の空間である。「障子《しょうじ》」で仕切られたいくつかの空間の内、中央の二間四方が祈禱の中心である。南側の壁に「仏」（大輪明王曼荼羅）が北向きにかけられる。すなわち通常の祈りとは、南北が逆である。その前に、正方形の大壇が置かれ、本尊に向けた祈禱作法の供具類が並べられている。右上に花瓶《けびょう》、左下に飯米を盛った碗、手前に香薬などを入れる碗が並ぶ。実際は大壇の周囲に置きめぐらせるのだが、指図では省略して描かれている。大壇の中央、二重の三角形は、護摩《ごま》を焚《た》く炉である。息災や増益といった一般的な祈りならば、炉を円形に切る。ここに示された三角の炉は、調伏法であることを端的に意味している。炉の向こう側、瓶のさらに向こう、つまり本尊の間近には、円い筒が置かれている。「範俊相伝の筒」（転法輪筒）である。

大壇の右側には、紐で縛られた「壇具唐櫃《だんぐからびつ》」が大きめに描かれている。その下には、「筒は初夜（午後七～九時）より後夜《ごや》（午前三～五時）までは紙を覆いて壇上に置く。日中の時の後は黒塗筥《くろぬりばこ》に入れて壇具櫃に納む」と注記がある。転法輪筒は厳重に管理されている。

大壇の手前には、阿闍梨が座る正方形の礼盤《らいばん》がある。阿闍梨は大壇上の炉や、転法輪筒、そして大輪明王に向き合って所作を行なう。阿闍梨座の左右には脇机が置かれ、必要な道具類が並ぶ。礼盤の

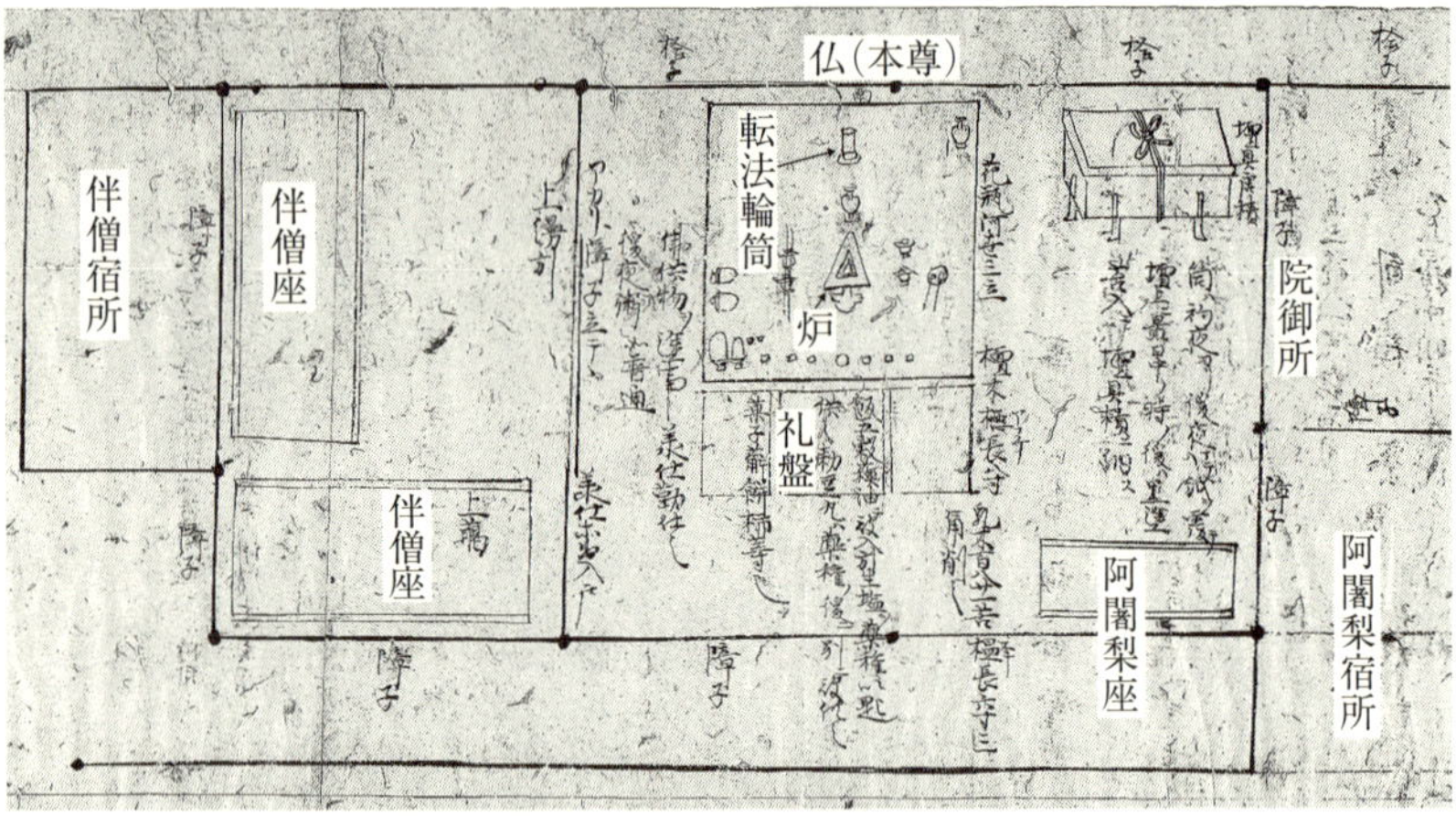

転法輪法の壇図（『覚禅鈔』「転法輪法」勧修寺所蔵）

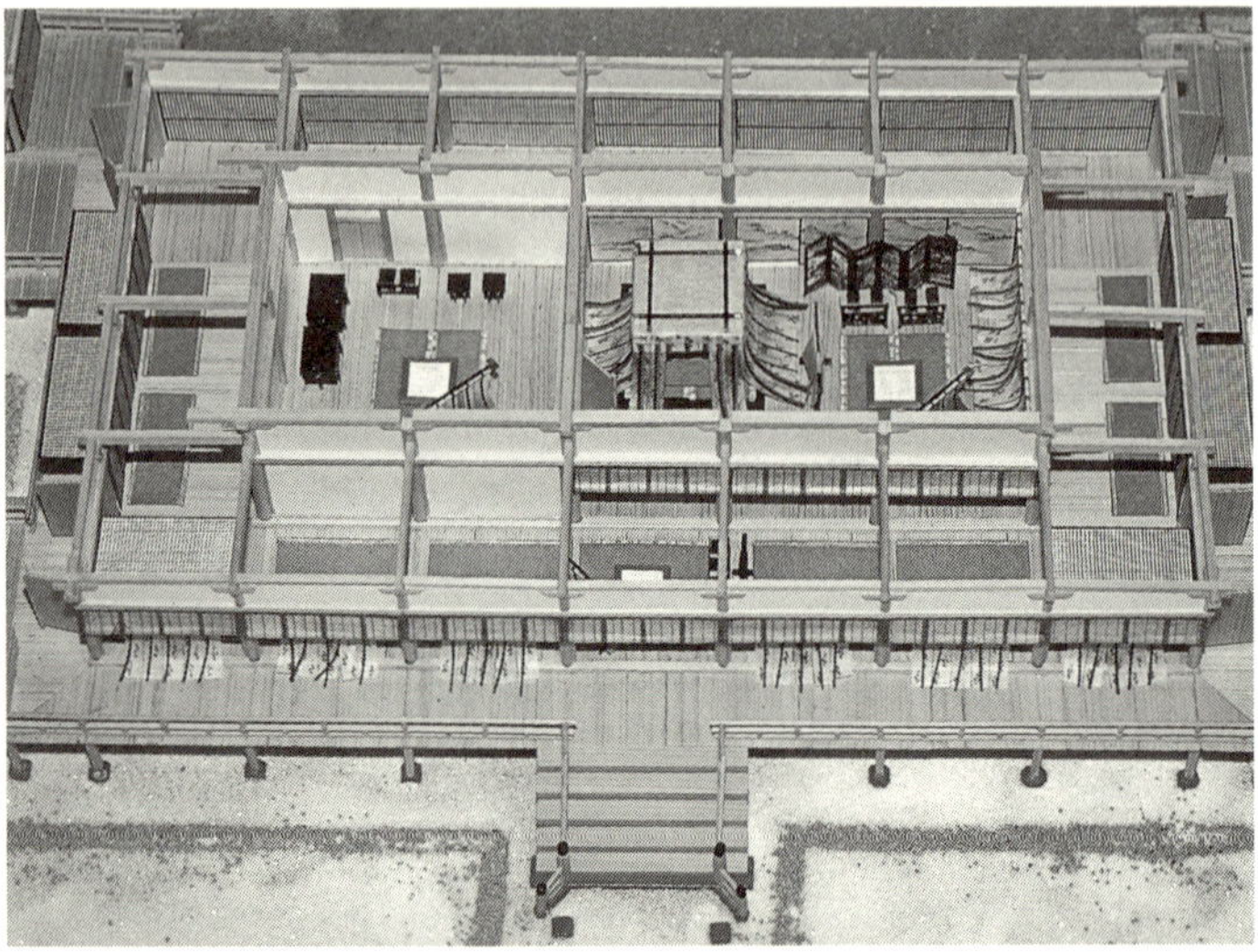

貴族住宅の五間四面の殿舎内部模型（考証・製作　中部大学池浩三研究室）
壇所として設営することができる。

右下方には畳の「阿闍梨座」が用意されている。さらに障子を隔てた右隅の一間四方には「阿闍梨宿所」とある。夜中の行事であるから、ここでの就寝は夜明けごろからであろう。一方、左側（東側）には間口一間、奥行二間の空間に「伴僧座」（畳二枚）を敷き、その左側に「伴僧宿所」がある。覚禅を含む六人が起居した場である。

もう一ヵ所、注目されるのは右上（南西）の一間四方を占める「院御所」である。後白河院は実際ここにやって来るが、「院御所」なる注記が障子に接して書かれていることは、『覚禅鈔』写本の偶然というより、事実障子越しに見聞ないし指示したことを想像させる。

転法輪法の次第

戌の時（午後七～九時）に阿闍梨勝賢が壇所に入り、奉行藤原定長と打ち合わせした。子の時（午後十一時～午前一時）、予定より遅れて後白河院が参入した。

この後すぐに転法輪法が始まるのだが、驚くべきことに覚禅は、「院、法印を召して御願《ごがん》の趣を仰せ含む」と注記している。ここではじめて後白河院は、「御願の趣」つまり調伏対象を阿闍梨に伝えたのである。極秘の心中を、障子越しに、小声で伝えたに違いない。政治上で焦眉《しょうび》の問題と密接に関係する仏事だったはずで、調伏対象は武家だと考えて良かろう。都落ちした平家、院に疎んじられた源義仲、入京の噂ある源頼朝など、いずれも該当しそうである。ただし転法輪法は、特定個人を名指しして調伏する（後述）。十月十四日に源頼朝に対して東国行政権を与えたという政治画期が想起さ

転法輪筒（高山寺所蔵）

れるが、その前後をはさむ後白河院の心根は、転法輪法を突然実施することにした事情にあらわれているのではなかろうか。阿闍梨勝賢に対する後白河院の指示は、源頼朝調伏にあった可能性がある[6]。

　このとき院は、範俊相伝の転法輪筒に対して唱える真言の内容について、阿闍梨に問うている。やはり関心の中心は転法輪筒にある。

開白《かいびゃく》、すなわち転法輪法が開始された。阿闍梨は、本尊大輪明王のほか呪詛神たる十六大護《じゅうろくだいご》や薬叉《やくしゃ》（夜叉《やしゃ》）たちに来臨を請い、「発願句」として後白河上皇の除災と長寿などを願う。ついで、諸尊の真言を唱える。その後、壇上の転法輪筒の覆い紙を取り除き、十字真言「[illegible]」を唱えるなど、転法輪筒に向けての作法を繰り返した。そのほかに細部の作法を含め、朝方まで祈りが繰り返されたらしい。初日は開始が遅れたが、通常は、初夜（午後八～九時ごろ）、中夜（午後九時～午前三時ごろ）、後夜（午前三～五時ごろ）と続いたのであろう。

以上のような密室の儀礼が、三五日間にわたって実施された。結願日は、源頼朝に東国行政権を認める宣旨を下した十月十四日の二日後、十月十七日である。後白河院は二度訪れたという。

転法輪筒の中身

大壇上に置かれた転法輪筒とは何か。十二世紀の工芸として認定されている転法輪筒が、京都高山《こうざん》寺《じ》に伝えられている。高さ二五センチあまりの小さい筒である。まわりには呪詛神たちが描かれ、十字真言を書いた輪宝《りんぽう》形のふたが付いている。

『覚禅鈔』には、これに合致する説明文がある。流派によって細部は一定していないが、十六大護を描く筒や十字真言をもつふたについて、簡単に書かれている。注目すべきなのは、「筒納物」なる見出しをもつ次の記述である。

> 師云く、筒内に檀越の形像を等身に図してこれを籠《こ》める。実任云く、白紙もしくは白絹。足下に怨家の姓名を書く。宗意云く、男は左足下に怨家の形を書き、畳んでこれを入れるべし。

筒の中身は、依頼主の図像であった。しかもその足元では、調伏対象の「姓名」が踏みつけられている。寿永二年（一一八三）法住寺殿での転法輪法では、後白河院の等身形像が折りたたんで納入されていた。開白の直前に院が阿闍梨に告げた「御願の趣き」、つまり呪詛の対象は複数名だった可能性がないではないが、「源頼朝」だった蓋然性は充分あろう。

しかも、『覚禅鈔』には、なぜか裏書き（紙背）にだが、人の片足首以下の素描と、「行海以来この

後白河上皇の片足図（『覚禅鈔』「転法輪法」勧修寺所蔵）

定めに書かるなり。院の御影なり」と注記する。行海は、安元三年（一一七七）の転法輪法の阿闍梨であるから、この片足首は後白河院の形像である。この時、足下に踏みつけられた「姓名」は、やはり平清盛一人だったのではなかろうか。そして、清盛亡き今、平家都落ちの後、効力を確信しつつ、後白河院は新興武家の棟梁源頼朝を調伏の対象に据えたものと想像される。

「凶徒」「逆類」から「王城」平安京を守るための仏事は、転法輪法なる呪殺の密儀であった。平安末期に行き着いた究極の秘密仏事だが、それは完全に密閉・封印されて意味をもたなかったわけではないであろう。しかも寿永二年の転法輪法には、平安京と一体の天皇を究極権威とする理念が、動かぬ証拠として史料に残されており、本書の最後で触れる。権力中枢の秘儀は、権力意思の凝集であるだけでなく、連動する政治や社会の動向にどう結びつき、いかに展開したか、解明すべき対象なのである。

第二章　平安京の民衆と仏教

平安京の住民構成

権門貴族が集住し、政治の中枢舞台であることは、平安京が列島諸地域と際だって違う個性である。平安中後期の平安京史を考える際に、貴族文化と一体の仏教文化が、最新の装いで展開することに、目を向ける必要がある。一方、平安京とその近郊に考察範囲を限定するとしても、被支配者たる民衆の生活世界を度外視するわけにはいかない。多数を占める庶民は、成立期中世仏教とどのような関係にあったのだろうか。前章までは、主に仏教政策を推進した権力中枢の動向に注目してきたが、この章では、民衆としての平安京住民に焦点を絞りたい。

平安京には、権門貴族が集住している。中下級の貴族は、受領《ずりよう》、家司《けいし》、武者などとして上級貴族に仕えた。これらは支配身分である。一方、都市民衆というべき者は、諸宮や諸家に隷属する「青侍《あおざむらい》」「下部《しもべ》」などと呼ばれる下級奉仕者や、諸寺社に仕える神人《じにん》、現業の実際に携わる商手工業者などであり、実態としては重なりあうことがある。貴族の記録に「京都雑人《ぞうにん》」「京中下人《げにん》」などとあらわされるのが、これら都市民衆である。ほかに、地方から京に来て貴族に仕える名士や庶民がおり、一部は支配身分の末端に位置づく。

宗教者たる聖《ひじり》や、移動生活する遊芸民も、京やその近辺を活動の場とする。ただ、聖の場合、一概に庶民と断定はできず、その勧進《かんじん》活動を民間の自立的な事業と即断できない。平安時代においては、支配身分に出自する聖が多く、その活動は貴族ないし朝廷の事業を請け負っている場合がある。ほかに、一般の社会生活から排除されて河原や路頭に住む非人は、貴族が神聖視する天皇の対極で一方的に卑賤視される存在であり、平安京の構造と不可分の被差別身分である。

民衆と仏教

あらかじめ充分に注意したい点がある。それは、民衆と仏教との関係一般ではなく、関係の質を見極める必要についてである。端的にいうと、外在的な条件によって仏教に接触することと、日常生活の必要水準が内在的に満ちて意志的・主体的に信仰を求めるのとでは、まったく意味が違う。捉えたいのは後者である。たとえば、奈良時代に下級官人たる写経生《しゃきょうしょう》が業務として仏典を筆写することは、そのまま信仰心の証とはみなせない。同じように、中世の荘園に住む百姓が、寺院建設や仏事の費用を負担したり、平安京の大工が寺院建築に携わることなどは、厚い信仰心があることの証拠にならない。都住民の場合、貴族らが建てた寺院などを目の当たりにする機会は多いであろうから、仏教に接していたとはいえる。ただそのことは、内面的な信仰心とは一応別であろう。場合によっては、僧になり、仏典を音読したとしても、真に生活実感と結びついた仏教信仰かどうかは、やはり考えてみる必要がある。

右の点は、蓄積ある研究史においても、必ずしも充分に考慮されていない節がある。区別は容易でない。そこには、仏教史の史料に特有の原因もある。平安時代の場合、ほとんどの文献は、支配身分の者による陳述史料だが、その立場性が前提になっているだけでなく、仏教関係の文献は、信仰を普及させる側の意図に沿った叙述であることが多い。往生伝のような説話的伝記はその典型であって、かりに敬虔《けいけん》な庶民が描かれていても、ノンフィクション・ドキュメンタリーと即断することはできないであろう。平安京では、十世紀に活動した市聖空也《くうや》（九〇三―九七二年）こそ、その代表だが、根本史料たる「空也誄《くうやるい》」は、浄土教推進者の源為憲《みなもとのためのり》の執筆にかかり、信仰仲間たる慶滋保胤《よししげのやすたね》の『日本往生極楽記』にも採用されて知られた。浄土教推進者たちは、その活動が新傾向であるとの印象を避け、広く受容された先輩僧侶の実在を意図的に強調した可能性がある。(1)そう考えて、本書では空也を重視していない。また、十一、十二世紀には、『大般若経《だいはんにやきよう》』や一切経《いつさいきよう》の勧進写経が推進され、資金援助を広く呼びかける例が多い。しかし、大規模な写経について、聖の勧進という方式であっても、それだけでこれを民間事業、特に民衆の自立的信仰事業とみなしうるわけではない。(2)しかも、前章までみてきたように、摂関期や院政期の権力中枢は、仏教事業を政策的に推進した。それは、民衆仏教を前提にしているのではなく、民衆仏教と並行しているのでもない。民衆仏教に先行しているのである。今日の通説は、少なくとも八世紀奈良時代には民衆仏教、民間仏教、庶民仏教の実在を認めている。しかし私見は、奈良・平安時代の仏教を文弱浮華な貴族の知識に過ぎないとみる説や、院政期に成立した中世仏教に民衆仏教の第一段階をみいだす説に、親近感をもつ(3)。

では、真に意志的で主体的な民衆仏教の成立はどこにみいだせるのか。すでに地方では、保安元年（一一二〇）に和泉国興善寺《こうぜんじ》の大日如来像《だいにちにょらい》を作る際、近隣住民の俗人夫婦一九五組が像内に名前を墨書したように、地域結束の主体的活動に仏教が利用され始めている（『平安遺文』金石文編）。また、十一世紀末以降の寺社強訴《じしゃごうそ》は、興福寺や延暦寺《えんりゃくじ》などが末寺末社を動員して中央権力を威嚇したが、その主体たる大衆《だいしゅ》は、学侶《がくりょ》（中下級貴族や在地領主の子弟）と行人《ぎょうにん》（百姓身分）からなっていた。政治的闘争が普遍的思想の実践なのかどうかは問題だが、被支配身分の百姓が寺院へ身を投じていることは確かである。荘園制にそくした都鄙《とひ》間の交流は、権門寺院の構成員として地方民が抱え込まれる条件となった。ただし、やはり、平安京とその近郊に住む民衆にとっての、都市生活固有の問題から要求された主体的な信仰実践は、いかにして仏教と結びついたのか、独自に検討する必要があるであろう。

入京できない神と外国人

朝廷には恐れているものがある。入京し天皇に接触することが強く拒まれた事例に、その恐怖感があらわれている。それは神と外国人である。

神の入京を恐れたというのは、次のような場合である。Ⅱ部第一章と第二章でみたように、嘉保二年（一〇九五）や永久元年（一一一三）の強訴で、比叡山《ひえいざん》僧は日吉社《ひえしや》や祇園社《ぎおんしや》の神輿を、興福寺僧は春日社《かすがしや》の神輿を、神人らに担がせて入京する構えで朝廷を威嚇した。朝廷は、武士らに防がせただけではなく、ほかの神輿が強訴に同調しないよう諸社に命じる一方、健康を害していた堀河《ほりかわ》天皇の身近に諸僧を大動員して安泰を祈らせ、貴族らにまで写経や読経《どきよう》を命じた。天皇は、宮中の内侍所《ないしどころ》（賢《かしこ》所《どころ》）に祀られる天照大神の神鏡を身近に置いたが、諸社の神々に奉幣使《ほうべいし》を送ることはあっても、神官や神輿を迎えることはない。むしろ、仏教が宮中深くに動員されたのである。京内の壇所《だんしよ》や京周囲の寺院群も、この宗教構造に合致している。

外国人の入京は、平安時代には表立っては存在しない。むしろ朝廷は、外国人を疫病の伝播者と観念している。貞観十四年（八七二）正月には、渤海人《ぼつかいじん》の来着で「異土の毒気」が「京邑《けいゆう》の咳逆《がいぎやく》病」をもたらしたという（『日本三代実録』）。また、やや特異な事件だが、白河院政期の天仁三年（一一一〇）六月十一日の日記に、実務官人藤原為隆は、次のように記している（『永昌記』）。

若狭国の唐人楊誦《ようしよう》、解状《げじよう》を進む。その中、多く越前国司の雑怠を注す。「もし裁定無くんば、近く王城に参り、鴨の河原の狗となりて骸骨を屠られん」と云々。異客の解、その詞、恠《あや》しむべし。よって記すのみ。

意味のわかりにくい、不気味な記事である。若狭や越前への外国人来航は、I部第三章でみた宋人羌世昌への対応のように、都に近い窓口のこととして警戒された[4]。この地では、後に、来航外国人を受けつけなくなる。右の記事は、その少し前、北宋皇帝からの活発な外交接触と連なっているようである。楊誦がいつ来航したのかは不明だが、業を煮やして越前国司を訴えている様子から、数年以前、たとえば嘉承元年（一一〇六）八月に越前国から伝えられた来着「唐人」かもしれない（『中右《ちゆうゆう》記《き》』）。軍事や経済についての働きかけに、日本朝廷は迅速に対応しないのであろう。ここでは、宋人楊誦の文句に注目したい。言語の違いを考慮し、宋人側の誤認を想定すると、藤原宗忠が首をひねる点も理解できなくはない。しかし、平安京に行って鴨河原の死骸を食べる狗になるぞ、という脅しが効くためには、朝廷と宋人楊誦の間に共通理解が必要であろう。(5)

外国人が平安京に入ること、餓死者などが鴨河原にあふれること、犬が平安京の死骸に群がること、そしてそれらが穢《けが》れとして朝廷に忌まれていること、これらが関連して理解されているのであろう。(6) 場合によっては、不特定多数の餓死者による怨恨と御霊の結びつきについて、考えられていたかもしれない。楊誦がそのことを知らないとしても、貴族らは察知した可能性がある。楊誦の外交交渉が実現しなかったのは、核心の一部を衝いた言動の過激さが、平安貴族に拒否反応を呼び覚ましたことも、一因であろう。

御霊会とその展開

貴族らが特に恐れた神は、怨恨の威力が神格化された御霊である。早く貞観五年（八六三）五月二十日に朝廷が神泉苑《しんせんえん》で実施した御霊会で、「（御霊は）みな事に坐して誅せられ、冤魂癘《えんこんれい》をなす。近代以来、疫病繁しく発《おこ》り、死亡するもの甚だ衆《おお》し。天下おもえらく、この災は御霊のなすところなり」と説明されている（『日本三代実録』）。年初以来の「咳逆」（激しい咳を伴う流行性の風邪）は、廃太子早良《さわら》親王ら敗死者の怨恨が原因だという。そこで、左近衛中将藤原基経《もとつね》らが差配し、貴族らが列席し、律師慧達《えたつ》に『金光明経《こんこうみょうきょう》』と『般若心経《はんにゃしんぎょう》』を説かせ、歌舞や演劇を添えて鎮めたという。この御霊会は、地方民衆から始まったとする説もあるが、平安京から始まったとする説が穏当であろう（7）。実施の形式と内容は、古代の国家が主催した悔過《けか》仏事の一つとみるべきである。しかも、この時期には、新羅や渤海《ぼっかい》との軍事衝突が懸念され、山陰や九州の沿海国を中心に悔過が実施されている。先に述べたように、貞観十四年には、来着渤海人の「毒気」が、「京邑の咳逆病」の原因だといわれている。人民を悩ませる疫病の原因を外敵、ならびにそれと結ぶ謀反人にあると決めつけ、悔過などの仏事を行なったのである。

十世紀以後、御霊会は様相を変化させている。被支配身分の意思が御霊にこめられ始めるのである。延喜三年（九〇三）に左遷先の大宰府《だざいふ》で死去した菅原道真《すがわらのみちざね》の怨霊は、貴族らに対して、延喜二十三年三月に皇太子保明《やすあきら》親王が死去した理由を、菅帥の「霊魂宿忿」によると認識させた（『日本紀略』）。そして、閏四月には、長雨と疫病への対策として延長に改元された。延長三年（九二五）春からは天然痘が流行した。六月には皇太孫慶頼王《よしよりおう》が死去した。同八年六月には、清涼殿《せいりょうでん》に落雷があって、旱天《かんてん》対策の会議中であった大納言藤原清貫《きよつら》らが死亡した。そして醍醐《だいご》天皇が咳病にかかり、九月に死去して、貴族らによる御霊への恐れはますます高まった。注目されることとして、天慶五年（九四二）には右京七条に住む多治比文子《たじひのあやのこ》が、同九年には近江国比良宮《ひらのみや》の禰宜《ねぎ》神良種《みわのよしたね》が、それぞれ道真の託宣があったとして北野に祀ることを求めたことである。そして天徳三年（九五九）には、右大臣藤原師輔《もろすけ》が本格的な社殿を造った。(8) 多治比文子や神良種は、上層住民だと推測され、その動向が御霊信仰に関与していることがわかる。またこの頃の平安京住民は、京内の「大小路衢」に性器をも刻んだ男女一対の神像を祀って、「岐神《ふなどのかみ》」「御霊」と称したといい、新奇な神として貴族に警戒されている（『本朝世紀』天慶元年九月二日条）。さらにこの時期のこととして特筆すべきは、祇園御霊会が、京中の長者的住民の主体性によって成立していることである。天延二年（九七四）、高辻東洞院に祇園社の御旅所《おたびしょ》（大政所）を誘致し、牛頭天王《ごずてんのう》を迎える神祭りが始まったらしいのである。(9)

志多羅神・釈迦瑞像・御霊

十世紀半ばの民衆宗教運動として著名な志多羅神《しだらがみ》事件は、御霊信仰の展開を知る上でも注目される。天慶八年（九四五）七月末から八月初めにかけて、土地開拓や農業経営を率先する新興の大小名田堵《たと》ら大衆を中心に、労作を励ます歌舞や童謡を伴いながら、志多羅神など神輿三基（後に六基）を担いで摂津方面から京を目指したのである。農作業で打つゆっくりした手拍子を神格化した「志多羅神」は、新しい農業神である。同時にこの神に対して、御輿の担ぎ手たちは「自在天神」または「菅公霊」とも呼んだ。事前に情報を得た朝廷は、不穏である以上に、意思ある政治批判に対して敏感に反応し、摂津と山城の国境たる山崎から、石清水八幡宮《いわしみずはちまんぐう》へ誘引させて、入京を阻止した（『本朝世紀《ほんちょうせいき》』『吏部王記』）(10)。舞台は平安京に至らなかったが、都鄙間交通の幹線にして至近の位置での事件である。御霊の神輿を担ぐ百姓らが、歌舞を伴いつつ大挙して入京しようとしており、平安京の御霊信仰と連動する状況が推測される。半世紀後の記録だが、長徳四年（九九八）四月十日には、右京の松尾社で山崎の津人による恒例の田楽《でんがく》が演じられている（『日本紀略』）。田楽は、後の例によって明確になるが、派手な衣装と歌舞によって神意を頼む、庶民の集団的な新興芸能であろう。民衆的志多羅神運動が分化・定着した一例とみうる可能性がある(11)。

しかも十世紀末には、京の住民自ら御霊を祀る例が確認され、その前提として疫病による大量死という深刻な都市問題がうかがわれる。正暦四年（九九三）から翌年にかけて、疱瘡《ほうそう》が流行した。京中の人口の半分は失われたといわれ、路頭に満ちる死体に通行人は鼻をおおい、川の死体は流れを詰まらせたという。重病人は筵《むしろ》がけの小屋に置かれる状況で、薬王寺に運ばれた者もいるというが、埋葬や供養が行なわれた形跡はない。京中の小路辻ごとに設けられた高壇で『仁王経《にんのうきょう》』が講ぜられたというが、これは朝廷による自己防衛策であろう。庶民は、海若祭や名山祭といった祈りを行なっていた。また、左京三条南油小路西にある井戸の水が疫病除けに効くという噂が流れ、競い飲んだという。関心は仏教に向けられていない。また、疫神が巷《ちまた》を横行すると噂された日は、都人らは門戸を堅く閉ざして外出しなかったという（『本朝世紀』正暦五年四月・五月条、『日本紀略』正暦五年六月条）。

平安京を跋扈した疫神（『融通念仏縁起絵巻』クリーブランド美術館所蔵）

朝廷は、京の北郊紫野《むらさきの》の船岡山《ふなおかやま》で御霊会を実施して、民心を鎮めようとした。木工寮《もくりょう》修理職《しゅうりしき》が神輿二基を造って安置し、僧侶を呼んで『仁王経』を講じさせるとともに、伶人《れいじん》に音楽を奏させた。その後、御霊を難波《なにわ》の海へ送り出すこととしたのである（『本朝世紀』正暦五年六月二十七日条）。幣帛《へいはく》を供えた「都人士女」は「幾千万人とも知らず」という。「朝議に非ず、巷説《こうせつ》より起こる」（『日本紀略』正暦五年六月二十七日条）というが、動揺する庶民の怨恨に対応せざるを得ず、朝廷が後手に御霊会を執行し、神輿とともに京外に払ったということであろう。この段階には、疫神の跳梁を感じた不特定多数の住民のおののきが、朝廷を動かす力になっている。

御霊でもある志多羅神の神輿が入京するのを阻止し、京内の疫神を神輿に閉じ込めて郊外から難波に払った朝廷は、京中を仁王講なる仏教で防護する構えである。後には、大極殿《だいごくでん》や大寺院での千僧御読経という疫神への対抗仏事を催す例が多い。平安京にとって、内部を守る仏教と、外部へ払われる御霊とは、対称的な関係にある。

寛和三年（九八七）一月二十一日、宋から帰国した奝然《ちようねん》一行が入京した。膨大な荷物を京内に持ち込むため、あらかじめ山崎で態勢を整えていた。二月十一日になって、山城・河内・摂津で雇った人夫三〇〇人を動員し、雅楽寮の演奏を伴いつつ、三基の輿を主役として朱雀門《すざくもん》から大内裏《だいだいり》へと平安京中枢を行進した。三基の輿には、順に、仏舎利《ぶつしやり》をこめた「七宝合成塔」、仏説が詰まる五千余巻の「摺本《すりほん》一切経論」、生き写しの「白檀五尺釈迦像」が乗せられていた（『小右記《しようゆうき》』）。生身の釈迦を掌握したという皇帝太宗《たいそう》からの下賜品である。これらはまさに平安京に迎えられたのである(12)。志多羅神や船岡山御霊会の輿の扱いとはまるで違う。それは、それぞれに対する朝廷の姿勢が明確に異なる証である。

増幅する怨恨

十一世紀に入り、疫病による都の死者は増える。長保三年（一〇〇一）には、前年冬以来の「天下疾疫」を鎮めるため、朝廷は三月十日に大極殿で百座仁王講を実施し、同二十八日には大極殿で一〇〇〇人の僧を集めて『寿命経』を読ませた。夏に入っていよいよ疫病が蔓延したのであろう、五月九日に朝廷は北郊の紫野で疫神を祭る御霊会を行なった。「今宮」として、木工寮の修理職が神殿三宇や瑞垣《みずがき》を設営し、内匠寮《たくみりよう》が御輿を造った。「京中上下多く以ってこの社に集会」したという。同二十九日には、疾疫対策として内裏を囲む一二門で『大般若経』を転読させているから、天皇を仏教で防護しようとする深刻さが伝わる（『日本紀略』）。七月にいたるまでのこととして、「天下疫死大い

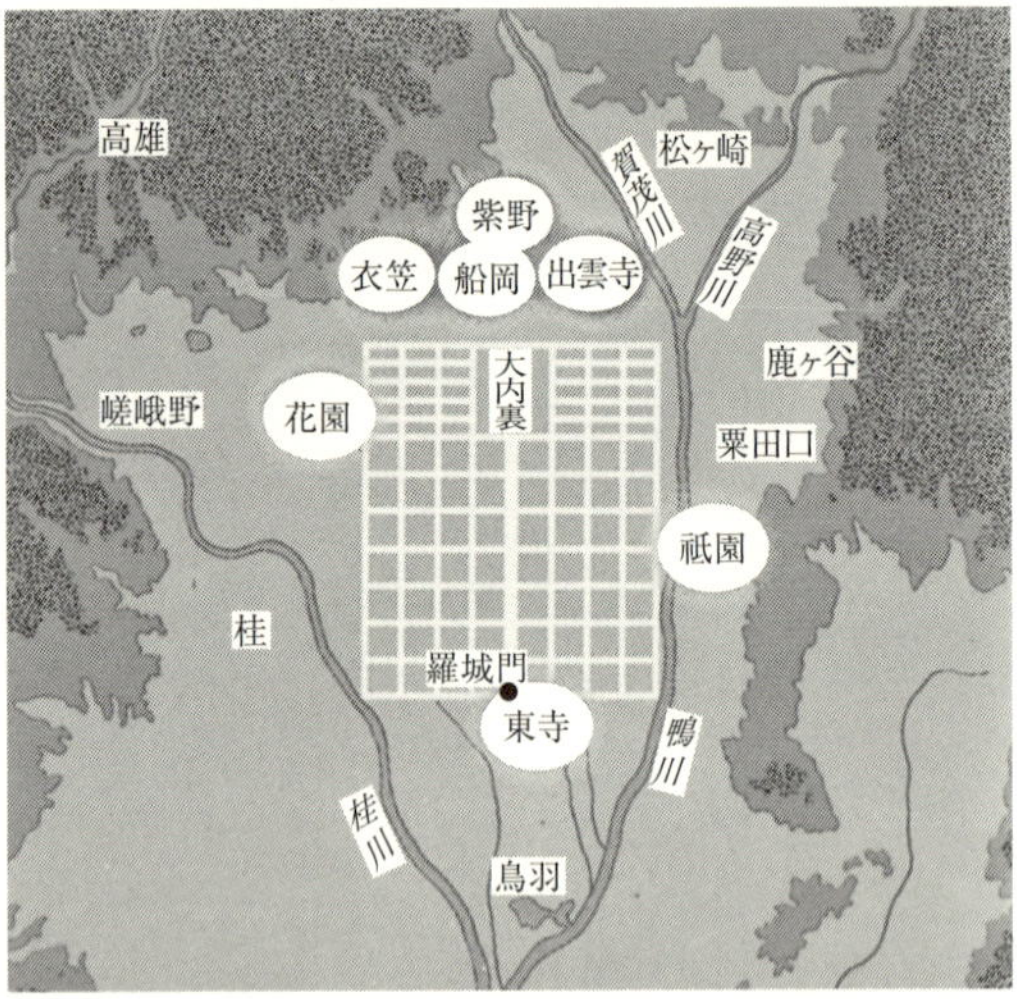

御霊会の行われた場所（『週刊朝日百科64 日本の歴史』より）

に盛んにして、道路の死骸はその数を知らず。いわんや斂葬《れんそう》の輩においては幾万人なるか知らず」（『日本紀略』長保三年年末条）とある。片づけられない死体が路頭にあふれる事実を強調しているのであろう。これ以来、紫野での御霊会は、今宮祭として恒例化された。寛弘二年（一〇〇五）五月九日には、京中から「十列《とおつら》・細男《せいのお》」といった芸能が出された。同五年五月九日には、官司が神供を調達し、「東遊《あずまあそび》・走馬・十列」が奉納された。朝廷は、六月二日の相撲《すまい》の節《せち》を、「世間疾疫ならびに物忤」のためにとりやめている（『日本紀略』）。

御霊会が行なわれる場所は、北野、祇園、紫野船岡山のほかにもあった。寛弘二年（一〇〇五）七月十八日、託宣を受けたという広隆寺《こうりゅうじ》別当松興《しょうこう》が、衣笠山《きぬがさやま》で御霊会を修した（『日本紀略』）。長和四年（一〇一五）六月には、「花園今宮《はなぞのいまみや》御霊会」が始まった。託宣を受けた「西洛人」が花園に「疫神社」を建てた。同月二十六日の祭り以前から「両京の人」がつめかけ、当日は御幣《ごへい》や神馬を献じる群集が道が埋め尽くしたという（『小右記』）。「ならびの岡（双岡）の辺の社」「花園の社」（『続古事談』巻第四―七）ともいわれている。永承七年（一〇五二）五月二十九日には、疾疫を止むべしとの託宣があって、花園の天安寺《てんあんじ》に近い新造神社で、御霊会が行なわれた（『百練抄』）。以上の地は、平安京にとって外部への境界地として意味があるのであろう。御霊会の場は、平安京を守護する観点から設定されている。京内で疫死した者の怨恨で増幅する御霊を追却する場として、その実施が見えない遠くではなく、参加さえ可能な都至近の境界地が選ばれている。それは朝廷側の意図によるのであって、民衆側からの自然発生的で自立的な運動として一面的には理解できない。ただしこのことは、御霊会に都市民衆の意思が込められていないないことを意味するのではない。むしろ、増幅する疫病で死に直面する住民の不安増大に対して、朝廷側が対処を余儀なくされていることが、読みとられるべきであろう。

なお、御霊会に集まった庶民は、不特定多数の京住民かもしれないが、歌舞や芸能による神事（田楽であろう）の奉仕者は、その中心的な担い手であろうと想像される。長和四年（一〇一五）六月の花園今宮社御霊会では、六衛府《ろくえふ》の者たちが奉仕した（『小右記』）。「兵衛府生重時をはじめて六衛府のものども社をつくりて御霊会をおこなひけり」（『続古事談』巻第四―七）[14]ともいわれている。『大鏡』第五巻（太政大臣道長上）には、「殿ばら・宮ばらの馬飼、牛飼」や「仕丁、おもの持ち（御物）」などが、御霊会などの料として銭・紙・米などの施与を強要したと回想されている。その際、「里の刀禰《とね》、村の行事」による「火祭」での同じような行為が語られている。京と里における、被支配身分の上層が、祭りの主体であろう。

院政期の御霊会

院政期に入ると御霊会の様相は緊張度を増す。慢性化する疫病と飢饉が引き金になり、都市住民の主体性が一層はっきりしつつ、京内で御霊会が展開された。

寛治八年（一〇九四）、前年以来の赤疱瘡《あかもがさ》が蔓延し、特に免疫のない者を襲った。一月二十日には「十七歳以下の小児は一人も残らざるか」（『中右記』）といわれた。年の前半は旱魃・渇水が続き、飲み水で中毒死する者もいた。逆に七、八月には、止まない大雨に憂いがもたれている。八月八日、京極寺《きょうごくじ》（三条京極東北角）で恒例の祭があり、御輿が巡行した。これに対して、大学寮東門前（神泉苑西側の壬生《みぶ》大路）の

祇園御霊会での田楽（『年中行事絵巻』個人蔵）

路次の人々が、「田楽・師子・鼓笛」を伴って神輿迎えしており、すでに年中行事となっていた。目撃した藤原宗忠は、「雑人市を成す」と記している（『中右記』）[15]。

先にも触れたが、すでに長徳四年（九九八）には、松尾祭における山崎津人の田楽は恒例行事であ

祇園御霊会の神輿渡御（『年中行事絵巻』個人蔵）

った。ところが嘉保三年（一〇九六）三月に摂津住吉神社で触穢《しょくえ》のことがあったとして、朝廷が松尾祭の中止を決定したので、これを非難する「童謡」が起こった。「明神これを肯んじ受けず」という内容で、「鼓舞歓呼」して松尾社に参じたという（『中右記』『濫觴抄《らんしょうしょう》』）。民衆による自主的な田楽運動であり、院政期京都における民衆運動の頂点たる永長大田楽の一前提だと指摘されている[16]。

永長元年（一〇九六）には、五月中旬から雨が降らず炎旱となるが、五月十八日には軒廊《こんろう》での占いで「天下大疫」を予想したり、六月七日に祈雨の奉幣使を出すなど、朝廷は先手を打とうとしている。しかし六月十二日には、十日あまり続いた「京都雑人」の田楽がピークを迎えつつあったらしい。祇園御霊会にあわせて、田楽は道路にあふれ、高らかに鼓笛を鳴らして往反した。その主体は、諸宮諸家の青侍や下部・下人であるという。しかも十四日の祇園会当日には、院召仕男ら四〇〇人、院蔵人町童七十余人、内蔵人町童部三十余人が、職場を離れて田楽に参加したことが、貴族によって観察されている（『中右記』）。田楽は、石清水宮、賀茂社、松尾社、祇園社に参じ、鼓笛を鳴らして神を喜ばせようとしたという（『中右記』永長元年七月十三日条）。京内から洛外《らくがい》の諸社をめぐった田楽の主体は、近郊農民や諸社神人を含み、特に在京神人の指導があったと推測されている。(17)同時に、上級貴族や天皇、上皇への下級奉仕者は、主要な参加住民であろう。貴族や官司への奉仕者、また神人は、田楽の主体であって、この御霊会は都市民衆の宗教運動とみてよかろう。

ところがその一ヵ月後、朝廷でも田楽が催された。七月十二日と十三日に、内裏殿上人《てんじょうびと》や院殿上人らによる田楽が、堀河天皇や白河上皇、郁芳門院《いくほうもんいん》らのもとに参じて演じられたのである。「ことすでに高きに及ぶ」（『中右記』）、「初め閭里《りより》よりして公卿に及ぶ」（大江匡房『洛陽田楽記』）といわれたように、都市民衆の田楽を目の当たりにした後に、模倣的かつ大規模に、また用意周到に実施したのである。蔵人少納言源成宗《なりむね》がふんする田主が好評であるほか、播磨守藤原顕季《あきすえ》が懸鼓、四位少将源顕《あき》雅《まさ》が一足（一本足の竹馬か）、同源能俊《よしとし》が銅拍子（ドラ）、周防守藤原経忠《つねただ》が左々良《ささら》（簓）と二足（二本足の竹馬か）、右馬頭兼実《かねざね》が笛といったように、奇抜な形の笠や装束を金銀錦繡《きんしゅう》で飾るなど、秩序を乱すかのような出で立ちが競われた。ここから、六月の都市民衆による田楽を類推することはできるが、両者を混同することはできない。模擬的、揶揄的、遊戯的な宮廷田楽には、旱魃、飢饉、疫病による不安と苦しみに直面した者たちの切実な神頼みは含まれていない。御霊神への奉納という形式をとった、為政者への間接的な抗議の意志を、まともに感じているとも思われない。

嘉承元年（一一〇六）にも疾疫流行が田楽の引き金となり、都市民衆の御霊会が一層大規模化した。祇園御霊会が近づいた六月十三日に、「京中下人等」が大規模かつ荒々しく田楽を催したのである。これより以前、堀河天皇や関白藤原忠実《ただざね》も「咳病」にかかりり、四月九日には「奇星」が出現したとして嘉承に改元したが（『中右記』）、同月には「天下疾疫」で平安京の周囲を祓う四角四堺祭《しかくしかいさい》を行なっている（『永昌記』）。五月九日には大極殿で千僧御読経を行なったが、「近日天下に疾疫遍満し、道路に骸骨積む。よって御祈あるなり」という有様である。しかも続けて藤原宗忠は、「下人多く、病者はいまだ高者に及ばざるなり」（『中右記』。次も同じ）と書いている。病原菌であれば身分の別なく感染する可能性がある。しかし貧困による死は、被支配身分に集中するのである。同月二十五日には、「世間不閑」だということで、朱雀門前・建礼門《けんれいもん》前・南殿前庭で大祓を実施した。世間と分離した権力中枢の自己防衛意思をよく示す。

都市環境の悪化

そして六月を迎えた。都の事態はさらに悪化している。五日には、「大疫」による死人が数えられないほどとなり、「京中の路頭、河原の辺、近日骸骨を積む」という状況になった（『中右記』）。朝廷は六日に祇園感神院で一〇〇日間の仁王講を始めた（『永昌記』）。翌七日に祇園社から洛中《らくちゅう》に神輿を迎えるに際しては、「世間不静」だとして『大般若経』を転読させている（『殿暦』）。洛中の御旅所をとりまく住民を敵視しているかのごとくである。この月の貴族の日記には、「世間不静」という表現が繰り返されている。天皇の風邪（十一日）をも含め、疾疫や炎旱などは被支配住民の騒動が原因であるかのごとき書きぶりである。反対に、朝廷による二二社への奉幣、紫宸殿《ししんでん》での百座仁王会、神泉苑での祈雨などを、記録している。そして六月十三日には、「近日京中の下人等、田楽の興をなす。毎日遊行し、あるいは錦繍を切り破り、あるいは兵仗《へいじょう》を随身し、数千が党を成して、道路を横行す。間闘争に及び、夭命《ようめい》する者あり」という高まりを書いている。記主の藤原宗忠は、「先年かくのごとき遊びあり、不吉のこと出来するなり。今制止せられず。頗《すこぶ》る穏便ならざることか」と漏らしている。貴族たちは、永長元年（一〇九六）の大田楽を郁芳門院が見物したことと、その後ほどなく死去したことを、関連づけて「妖異」と考えていた（『洛陽田楽記』）。

　しかもその原因たる田楽は、さらに制止できないほど活発化したとして不安を募らせている。長治二年（一一〇五）六月十四日の祇園御霊会における「下人濫行」と神人四、五〇人による検非違使《けびいし》との敵対、嘉承元年（一一〇六）春や同二年五月二十三日の「京中の下人」による辻々での「飛礫《つぶて》」（呪術的な石合戦）と検非違使による制止、といった事態も出現している（『中右記』『百練抄』）。都市民衆を襲う生存への不安は、間近に住む無策な支配者貴族らと、対抗関係にある。貴族らは「不吉」「妖異」たる田楽を政治的凶事と考え、[18]都市民衆はその集団行動による主体性を発揮している。

　嘉承二年六月二十一日には、夕立で「雷電数十度」が京を襲った。藤原師実《もろざね》が建てた京極堂が焼亡したほか、東宮帯刀《とうぐうたちはき》が落雷を受けて死亡し、内裏たる堀河殿の大樹や祇園社の木枝も折れたという

（『殿暦《でんりやく》』『中右記』）。実は京極堂以外については、落雷が原因なのかどうか怪しいのだが、貴族らはやはり恐れている。そして、同年七月十九日に堀河天皇が死去し、この落雷のことが怪異の一つとみなされた。延長八年（九三〇）に、内裏落雷のあと醍醐天皇が死去したことを連想し、「はなはだ不吉」と感じられている（『中右記』）。

注目すべきなのは、都市民衆の主体的な宗教運動が、仏教でも神祇でもなく、御霊会にまつわる行動として表出していることである。大治二年（一一二七）六月の祇園会に際しても、四方殿上人、馬《うま》長《おさ》、童、巫女、種女、田楽ら「おのおの数百人」、ほかに祇園の所司《しょし》や僧が数十人の随身とともに兵を従えていたという。「金銀錦繍」「風流美麗」は「天下の過差」といわれたが（『中右記』）、特に仏教の形式をとってはいない。まさに、「このような民衆的な祭が、ほかならぬ御霊会として続けられていたことに、注目しなければならない[19]」。

御霊・悪僧・神人

十二世紀には、天候不順が飢饉に結びつく例も増え、生産活動と徴税制度の矛盾が、武力衝突を含む政治問題を引き起こす傾向が高まった。その背景に、温暖化の頂点を過ぎた冷涼化の影響も指摘され、慢性的な飢饉状態であったともいう[20]。その中で、都市平安京では、鴨川の洪水や疫病の流行、餓死者の未処理など、独自の災いが関連し合って増幅した。田楽運動の活発化は、被支配者住民による政治的抗議の意志を含む宗教運動だが、鳥羽院政期に入ってからは、都市災害や政治問題の深刻さが増すとともに、特権的な神人や僧侶を含み込んだ寺社の強訴が本格化する一方で、朝廷による権力的な抑圧も強くなる。

長承元年（一一三二）も疾疫が流行し、閏四月には諸国での誦経《ずきょう》と、法勝寺《ほっしょうじ》での千僧読経ではらおうとした（『中右記』）。翌二年は旱魃と長雨、そして同三年五月には「京中路頭」が洪水で不通となり（『百練抄』）、九月には台風と洪水と火事が重なり、「諸司官舎、京中人屋、一字も全からず」（『百練抄』）といわれ、飢饉や咳病もひろがった。同四年三月十七日、鳥羽上皇は法勝寺で米一〇〇〇石を「飢饉貧賤の者」に施し、仏誕日の四月八日には播磨国から特別に集めた米三〇〇〇石を「東西両京の貧窮」に与え、「無遮の大会」に位置づけた（『百練抄』）。それは、上皇の慈善策として、自身を仏教上の理想君主に位置づける行事に過ぎない。

ただこの年（七月に保延と改元）、崇徳《すとく》天皇は打開策を諸博士に諮問した。七月に出された式部大輔藤原敦光《あつみつ》の勘文《かんもん》は、その答申として知られる（『本朝続文粋《ほんちょうぞくもんずい》』巻第二）。そこには「国家衰弊」の原因として、神祇や仏教への崇拝が不足していること、農業生産を援助せず収奪が重いことなどを挙げるが、ここでは次の文言に注目される。

諸国の土民は、課役を逃れんがために、或いは神人と称し、或いは悪僧となりて、部内を横行し、国の務に対捍《たいかん》せり。しかのみならず京の中に住むところの浮食大賈《たいこ》の人、或いは近都にして一物を借り、遠国に向かいて三倍を貪《むさぼ》る。

朝廷の貴族は、京外の諸国にいる新興の反抗的民衆を「神人」「悪僧」と呼んでいる。活発な経済活動を展開する京内住民を「浮食大賈の人」と決めつけている。後者は在京する神人を中心としているであろう。神人や悪僧は、大権門にして荘園領主に身を寄せて活動しており、確立した荘園制にとっての脈管的な存在であって、朝廷はその統制に乗り出しているのである。そのことは、保元元年（一一五六）閏九月に、寺社勢力をも統制した後白河天皇の王権宣言、「九州の地は一人の有なり。王命の外、何ぞ私威を施さんや」という新制とも共通している。しかしここで読みとるべきは、朝廷が政治意思を促された重要要因が、生存の不安から御霊会に寄せて政治批判する平安京住民の動向にあったにもかかわらず、勘文や新制ではその活動に宗教性を認めていないことである。田楽を伴う御霊信仰は、確かに貴族らに危険視されていた。一部はその遊戯的な芸能に同調することで宥和するが、御霊そのものを否定ないし禁圧することはできず、身分秩序を乱す「過差」の禁止という方法での封殺をはかっているのである。また同時に読みとられるのは、諸国の上層百姓には、「悪僧」ではあっても仏教徒の存在を認めているが、平安京の民衆が主体的に担う宗教については、仏教の部類に含めていない。実際、住民にとっても、御霊信仰は独自の民衆宗教であったのであろう。

御霊信仰から仏教へ

十二世紀の慢性的な飢饉状態は収まるところがない。源平合戦さなかの養和の飢饉が猖獗《しょうけつ》を極めたことについては、I部第一章でも述べた。一方、民衆の田楽運動は永長や嘉承が頂点だといわれている。では十二世紀の中ごろから後半に、平安京住民の政治意思はどのようにあらわされたのであろうか。

久寿元年（一一五四）三月、「近日、京中児童の射的、あげて計うべからず」として不穏視されている。この月には祇園橋供養が行なわれており、関係あるとすれば、祇園社を拠点とする弓矢を用いた神事が流行したのかもしれない。四月には、「近日、京中児女、風流に備え鼓笛を調え、紫野社に参ず。世これを夜須礼《やすらい》と号す。勅ありて禁止す」ということがあった（『百練抄』）。「児童」「児女」というも、庶民のことであろう。御霊信仰はなお継続しており、時に行動として勃発しようとするのに対して、天皇の下命を持ち出して権力的に抑圧する体勢ができている。翌久寿二年四月二十日、賀茂祭に際して、左中将隆長は、風流車に乗って大路を往反したという。朝廷の祭りであって、民衆的宗教運動ではなかろう。六月には飢饉が拡がり、長承から保延の飢饉と同じ程度のひどさだという（『百練抄』）。しかし久寿年間には、田楽運動といえるような動きが確かめられない。

少し前後するが、仁平元年（一一五一）正月、京内での破天荒な出来事が注目された。七条南小路と大宮大路の交差する辺りの路上で、結跏趺坐《けっかふざ》したまま死んで微動だにしない老僧がいた。その様子が「往生の瑞《ずい》」だとみなされて、「村童邑老」がこぞって供養し頂礼したという（『本朝世紀』）。老僧の身分はわからないが、京内路上の往生者に群がる民衆がいたとみて間違いなかろう。臨終の形式に極楽往生の証拠をみいだすという、浄土教の思想をもととする行為であって、特異な仏事の中心となった老僧と、礼拝する住民には、あらかじめ共通理解があったのではなかろうか。

承安二年（一一七二）五月十二日、「京中諸人」が六角堂《ろっかくどう》と因幡堂《いなばどう》で諷誦《ふじゅ》（読経）を修し、疫疾をはらうよう祈った（『百練抄』）。これも詳細は不明だが、貴族の仏事ではなく、疫病の不安に直面する民衆が、霊験所として知られる京内の六角堂と因幡堂に集まったのであろう。

承安四年三月二十二日、船岡山あたりで、ある上人が千僧供養を行なおうとした。しかし勅があって検非違使庁の下部によって追い散らされた（『吉記』『百練抄』）。千僧による読経は、天皇や上皇の下命で、疫病などへの対策として実施されることが多い。この年にも、三月十三日に延暦寺で行なわれたばかりである（『吉記』）。朝廷は、大極殿や法勝寺、延暦寺などで行なったが、船岡山を会場とした例はない。ほぼ未然に強制退去させたことからも、この計画が民間から起こったことを推測できる。そうだとすれば、検非違使庁の下部と、読経実施主体とは分断されている。かつて永長の大田楽で、下部や青侍が中心の一角を占めていた状況と、違いがはっきり出ている。未然に蹴散らされたとはいえ、紫野の今宮に近い船岡山での千僧読経は、平安京民衆の仏事として注目される。ただ残念ながら、誰が千僧となり、いかなる経を唱えようとしたのか、記録を欠く。

この頃にも、六月の祇園御霊会は通常通りに実施されている。朝廷は御霊への畏怖を克服していない。むしろ神輿を洛中に迎えるに際して、高倉天皇が賢所（天照大神を象徴する鏡）とともに藤原邦《くに》綱《つな》邸に方違《かたたが》えし、自ら御霊神を避けている（『玉葉《ぎょくよう》』『吉記』『百練抄』承安四年、五年、安元二年など）。

しかし都市民衆は、御霊会での田楽とは別に、仏事による自己主張をみせ始めているのである。

同じく承安四年七月十五日、盂蘭盆会《うらぼんえ》に合わせて、「船岡野」の「蓮台原」で焼身自殺を遂げた聖人がいた。やはり、かつて御霊会の一拠点であった紫野今宮社の近辺、船岡山あたり、葬送地としても知られる蓮台野《れんだいの》においてのことであろう。「結縁者は猪子のごとし」（『顕広王記《あきひろおうき》』）、「上下群を成す」（『百練抄』）と記録されている。大勢が集まる公開の仏事として計画、実行されたのであろう。自傷行為をもって身体を仏に捧げる信仰形式は、過激であるとはいえ、経典などにもとづく正統性がある。焼身自殺は、その一形式で、身体を燃やして仏に灯火を捧げる捨身行為である。これらは古代の日本にも先例はあるが、民衆による主体的な実践例は確かめられない[21]。蓮台原での例は画期的である。盂蘭盆会に捨身する聖人と、そこに集う被支配民衆は、過酷な住環境で死んだ先祖を供養しつつ、生存する住民の安穏な往生を願ったのであろう。

安元二年（一一七六）八月十五日、桂川に集団で入水自殺する聖人たちがいた。蓮花城《れんげじょう》聖人（蓮華浄土人）が発起者だとされ、辰の時（午前八時前後）に一一人、午の時（正午前後）に五人、あわせて一六人が入水した。翌十六日には四人、また十七日には五人が後を追った。全部で二五人になる（『顕広王記』『百練抄』）[22]。詳しく観察した者たちがいたからこそ、この件が記録されたのであろう。鴨《かもの》長明《ちょうめい》『発心集《ほっしんしゅう》』第三にも、「蓮花城入水事」として詳しく取り上げられており、当日は「聞き及ぶ人市の如く集ま」ったという。やはり公開の仏事として実践されており、その場には共通の願いを込めて祈る人々が集まっていたものと想像される。また、二五人という聖人集団には、かつて源信《げんしん》らが結成した二十五三昧会《にじゅうござんまいえ》の思想と実践を継承する意図があるのであろう。源信らは二五人のメンバーで念仏往生行を励まし合っていた。それは、源信らの信仰がしだいに普及、発展したのではない。二世紀を経て、平安京住民によって、過酷な都市生活を通して初めて、現実の信仰として獲得されている。

寿永二年（一一八三）三月十八日、番頭上人とも名のる西京の上人が、四〇日あまりの断食行の末に往生した。この上人は、もと高陽院《かやのいん》に仕える舎人《とねり》だったという（『百練抄』）。「番頭」という名称からは、仲間の集団がいたことを想定させる。やはり都市民衆というべき者たちであり、はっきりと自立した仏教実践者たる姿を社会に示している。断食行も、仏教の実践行である。しかしこの方法が、この場でこの時期に選ばれた理由は何なのか。すでに養和の大飢饉を経験した人々に、この上人の死は何を訴えたのか。この点は、なお本書のエピローグで述べるが、ここでは次のようにまとめておきたい。

葬送地での千僧供養、市中路頭での焼身自殺、桂川での集団入水自殺、飢餓都市での断食自殺。これらはいわば非日常の極端な信仰行為である。田楽のように多くの民衆が実践主体となったのではない。しかしその率先する仏教実践は、平安京に生きる被支配者の注視に取り巻かれていた。第三者の価値観からは健全な姿にはみえないし、当時においても、鴨長明『発心集』のように、雑念なく仏に奉仕する焼身、入水、断食を肯定する者と、『法然上人絵伝』第二八巻のように、通常の人は控えるべきだと諭す考えもある。なお不確かで特異な行為だが、群がる人々の関心をひいたことに注意すべきであろう。貴族の導入で蓄積された平安仏教を条件として、冷涼化する自然環境と人口密集する都市環境に住む現実の経験から、また日常的な治安悪化と非日常の内戦への不安を募らせ、さらには公共対策や将来展望を欠く独善的な権力中枢へのやるかたない不満を抱きつつ、平安京に住む民衆によって仏教信仰が主体的に求められていった。活路というには絶望的だが、支配集団が権力事業で大規模に植えつけた仏教とは別次元で、真に普遍的な救済思想を求める生活実感が芽生えていたことについて、確信してよいだろう。

内乱とその後　エピローグ

塗炭の苦しみと後白河院

治承四年（一一八〇）夏からの内乱は、首都としての平安京に政治的、経済的、軍事的な異常事態をもたらした。都市に生活する民衆は、内戦と治安悪化の中で難民化し、大飢饉の中で大量の餓死者として消えた。渦中における塗炭《とたん》の苦しみは、『方丈記《ほうじようき》』に、安元三年（一一七七）の大火、治承四年の辻風、同年の都遷り、養和元年（一一八一）と二年の飢饉、元暦二年（一一八五）の大地震として、断片が描かれている。救済宗教たる仏教は、どのような役割を果たしたのであろうか。

内乱のさなか、寿永二年（一一八三）九月十二日に読み上げられた、後白河《ごしらかわ》上皇の表白《ひようびやく》に注目してみたい。Ⅲ部第一章でみた究極の秘密仏事、転法輪法《てんほうりんぼう》を行ない、その冒頭で、真言密《しんごんみつ》教《きよう》僧の醍醐寺《だいごじ》勝賢《しようけん》に読ませたものである。場所は法住寺《ほうじゆうじ》御所内の壇所である。あらかじめ後白河院は、「近年凶賊充満し、闘乱競い起こる。はじめは漸《よう》く州郡を劫奪し、今は王城に乱入せんと欲す。もし仏力の冥《みよう》助《じよ》にあらざれば、いかでか逆類の邪心を静めんや」という院宣《いんぜん》を送っている（『覚禅鈔《かくぜんしよう》』「転法輪法」）。七月二十五日に平家が都落ちした後、同二十八日に源義仲《みなもとのよしなか》が入京するとともに、九月初旬

後白河上皇像（長講堂所蔵）

に源頼朝《よりとも》入京の噂があったことなどが、背景としてある。その後、九月二十日には義仲が平家を追って西国に向かう。頼朝と後白河の政治交渉は、十月十四日の宣旨として、東山道と東海道の行政権限を頼朝に認めることとなる。その重要画期における、最極秘密の表白である。

今、南贍部洲《なんせんぶしゅう》大日本国金輪聖王《こんりんじょうおう》、十善の掌を合わせ、三密の行を修したまうことあり。その趣は何となれば、昔、五百の仏陀に侍して、かたじけなくも九五の尊位を踏み、堅く十善の性戒《しょうかい》を持して、今、万乗の帝徳を誇る。これによって、万機の朝務、もっぱら天心に合《かな》い、一国の進止、しかしながら神襟に任す。しかるに近年、逆臣王法に背き、頻《しき》りに洲郡を侵奪す。悪賊国界を乱し、しばしば良民を殺戮す。七道の済物《さいもつ》、これがために押領せられ、諸国の貢進、これによって闕怠《けったい》す。しかる間、四海の間、闘乱の聞こえ絶えることなく、九重《ここのえ》の内、餓死の輩充満す。叡慮の愁歎《しゅうたん》、寤寐《ごび》に休まず。神襟の憂悩、日夕に懈《おこた》ることなし。勧誘の綸言を下さるといえども、悪賊従うことなし。降伏の勅使を遣わさるといえども、凶徒勝ちに乗ずる（以下省略。密教修法《しゅほう》によって「八逆の輩」を追討し、「一天の下」を静謐《せいひつ》にするという）。

前半では、「南瞻部洲大日本国金輪聖王」、つまり世界に誇る仏教的理想王たる天皇は、前世の仏教実践によって帝徳を備え、今も自ら仏事に携わっていると述べる。天皇の地位と権威を仏教のみで説明し、全国支配の正当性を主張している。この天皇とは、平家によって西に連れられた安徳《あんとく》天皇に代えて、八月に据えられたばかりの後鳥羽《ごとば》天皇である。

後半、「逆臣」「悪賊」とは、武家一般であり、具体的には源頼朝をも含んでいるであろう(1)。注目したいのは、人民の戦死、兵糧米の調達、年貢の滞納について、原因は武家にあると決めつけていることである。また、宮中（「九重」）にすら庶民の餓死者が充満する事実を認めつつ、これも武家の責任だという。これらの事態の解決策が、この修法で「逆臣」を呪い殺すことだという。

金輪聖王と王城、つまり天皇と平安京は一体である。世界宗教たる仏教の発信源としての平安京に、唯一無二の金輪聖王・天皇が君臨するという構造は、諸外国の王朝興亡や国内の悪賊闘乱を超克する、不変の宗教価値として考えられている。それは、十世紀以来の外的背景のもとで、摂関政治や院政の構造を模索する政治思想の一部であると同時に、権力中枢が一方的に構想した理念でもある。十二世紀第4四半期には、武士が民衆をまきこんだ内乱が勃発し、今度はこれを新たなる内部の脅威として、敵視したのである。

内乱進行中から、後白河院は八万四千塔を造ろうとしていた。養和元年（一一八一）から文治元年

（一一八五）にかけて、貴族らに小型の五輪塔八万四千基を造らせていたのである。Ⅰ部第一章で述べたように、自らを阿育王《あいくおう》になぞらえる事業で、内乱終結後に、平和実現に導いた救済者として自己主張する方法の一つである。しかし側近貴族の藤原忠親《ふじわらのただちか》は、その事業は「追罰の間の罪障を滅せられんがため」だ、と漏らしている（『山槐記《さんかいき》』文治元年八月二十三日条）。要するに、戦争を指示した自らの罪障を消すのが目的である。このほか朝廷は、東大寺再建の供養会を三度行なうなど（文治元年に大仏開眼、建久六年〈一一九五〉に大仏殿落成、建仁三年〈一二〇三〉に総供養）[2]、戦争後の権力回復を仏教興隆による平和主導の体裁で進めようとした。僧重源《ちょうげん》による勧進《かんじん》方式への権力支援や、起請文《きしょうもん》による思想呪縛を用いた荘園支配など[3]、権力と癒着した仏教の役割が目立つ。

ふたたび鴨長明

鴨長明《かものちょうめい》（出家して蓮胤《れんいん》）は、養和の飢饉の叙述に力を入れている。左京において二ヵ月で四万二三〇〇人あまりが餓死したというのは、飢餓による短期の大量死という、常識的には理解しがたい事態を表現するものであろう。また、京の習いは田舎が頼りであると述べていて、消費地たる首都と生産地たる地方とからなる、荘園制の求心構造への認識もある。「乞食、路のほとりに多く、愁へ悲しむ声、耳に満てり」、「築地《ついじ》のつら、道のほとりに、飢え死ぬるもののたぐい、数も知らず、取り捨つるわざも知らねば、臭き香、世界にみち満ちて」という惨状は、平安京内でのことである。長明は、朝廷主催の仏神事には効果がない（「更にそのしるしなし」）といい切っている。庶民の仏教信仰はどうか。切羽詰まった者たちが、「古寺に至りて仏を盗み、堂の物の具を破り取りて、割り砕」いて薪《たきぎ》にしているという。これも誇張ではなく、文治元年（一一八五）十一月には右大臣藤原兼《かね》実《ざね》も嘆いている。御願寺《ごがんじ》が並び立つ白河辺で、堂舎や仏像が散々に打ち砕かれて薪にされていると聞き、「武士の郎従ならびに京中雑人《ぞうにん》」のしわざだとみているのである（『玉葉《ぎょくよう》』）。それは一般生活者にとって、背に腹は代えられないがゆえのことであって、本当は信心深いのであろうか。しかし、大量の餓死者を目の当たりにする衝撃を受け、餓死者の悪臭が鼻をつく状況の中、自らも餓死寸前の呻き声を吐いている民衆について、できればその心性をリアルに感じてみたい。果たして庶民は、敬虔《けいけん》な仏教信仰にすがって、素直に死を覚悟するであろうか。平安京で展開されてきた仏教は、後白河院が権力事業で推進したような支配思想を正統としている。また、院の片棒担ぐ仁和寺《にんなじ》隆暁《りゅうぎょう》が、餓死者の髑髏《どくろ》で舎利《しゃり》供養を繰り広げたように、その目的は政治性に満ちている。そこに救いの手がかりはみつけがたいであろう。「愁へ悲しむ声」は聞こえても、弱々しい念仏さえ唱えられておらず、怨恨を形にあらわした田楽《でんがく》の力強さも湧いてこない。

Ⅲ部第二章で触れたが、寿永二年（一一八三）三月十八日に、西京の番頭上人が四〇日間の断食行の末に往生した。いかにも長期間の断食行は、おそらく衆人注視の中でのことであろう。養和の飢饉後であることと切り離しては、この行為がもつ意味を探り当てることは不可能であろう。その真意を説明する史料など存在しない。しかし私はここに、短期間に消えた数多くの命と、生きて愁い悲しむ

西仙房心寂臨終（『法然上人絵伝』知恩院所蔵）

大勢の飢餓住民たちの、声なき思いを救い出す一つの手がかりがあるように思う。都市民衆の餓死は、いわば犬死にだったのか。力ない多数の被災者にとって、人として生を得た意味は問われる必要もないのか。髑髏と化してしまってから、本人の意思と無関係に「供養」されるだけでもよいほうなのか。

断食行は、自らを極限状態の精神に追い込んで仏神と交流できると期待したり、大小便利などを断つとともに内臓の腐敗を抑制しつつ清浄な死を準備する、といった意味がある。ただ、歴史状況にそくした意味もあるであろう。同時代に生きた鴨長明は、『発心集《ほっしんしゅう》』第三「書写山客僧断食往生事、不可謗如此行事」において、播磨国の山寺での断食往生の例を紹介している。そこでは、往生者当人の意思に反して、山僧はもとより、郡内の遠近から結縁願望者が集まったという。長明は、賛否ある僧侶の往生行について、肯定する立場から意見を述べている。「心ざし深くして苦しみを忍ぶ」行為に対して、衆生救済を悲願とする仏は平等に救うはずであるという。またそれは、「身灯、入海」

（焼身、入水）による往生でも同じだという。仏教擁護者による説明であって、無条件に肯定することはできない。また、ごく少数の自死者が目立ったとしても、追随者が続出したわけではない。鴨長明は、平安京南郊の山間に閑居する晩年に『発心集』を撰述したらしい。播磨国の話も、その地の個別事例に対する意見というより、平安京生活から体得した思想によって解釈されているであろう。長明の考えも参考にしつつ、平安京の民衆がかろうじて探り当てたであろう歴史の可能性について、次のように解釈したい。

自ら断食往生した西京の番頭上人は、志深い信仰者を等しく救う仏に対して、身一つで奉仕する苦行を完遂する姿で、価値ある生の意味を示してみせた。そのことで、飢餓横死を断食往生と意味づけることもできた。それは観念的で、現実変革の方向性を直接はもたない。しかしそれは、御霊に託した怨恨の力を超えた、より普遍性ある救いへの願望が、仏教の形を借りて表現されたものである。物珍しさで群がり、番頭上人を取り巻いて注視する民衆の中に、そのような思想を共有する者がいたという可能性はあると思う。

鴨長明と「外山の庵」

『方丈記』の前半には、災害多い都の惨状が綴られているが、後半には草庵での生活が描かれている。両者は一対である。

鴨長明は、都を後にして、最初は「大原山」（京都市北区）で五年を過ごした。聖の別所として知ら

日野の風景　方丈の庵推定地を望む

れる、都の北方、山がちの里である。その後ほどへて庵を結んだ場所が、「日野山の奥」（京都市伏見区）である。懸樋《かけひ》の水を岩にため、谷を挟んで西側を眺望できる地だという。「名をと山といふ」とある。「外山《とやま》」とは、一番はずれの山、人里近くの麓に近い山、という意味の普通名詞である。[4] その庵には、阿弥陀三尊《あみださんぞん》の絵像を懸け、『往生要集』などの書物も備えており、閑居の場であると同時に、ごく質素な寺ともいえる。しかもまったく世間から孤絶されているのではなく、麓にある柴の庵には「山守」がおり、そこの「小童《こわらわ》」が時々訪れてきて話をするので、長明の「心をなぐさむる」という。また零余子《むかご》や芹など豊富な山菜が採れ、山麓の「田居」（たんぼ）も長明の行動範囲である。

生きにくい平安京と対比された長明の住み家には、二つの意味が重なっている。一つは、方丈の庵を結んだ「外山」は、中世には「後山《うしろやま》」ともいわれ、[5] 今日には里山とも呼ばれる、山麓の生活に不可欠の資源を包蔵する領域であることである。日野山は、山麓で生業と生活を営む百姓にとって、水源であり用益地であった。長明は山守と折り合いをつけており、里人と没交渉ではない。むしろ実際の生活の頼りを、山麓の百姓に求めたのではないだろうか。

もう一つは、長明の庵は、規模を別とすれば、典型的な中世の山寺に類似することである。中世の山寺は、孤絶の修行空間というより、村里との人的、物的、思想的な交流をもって成り立つ場合が多い。古代においても、国衙《こくが》と一体の国分寺や豪族が設営した大寺院と、山地に建てられた寺とは行き来がある。しかしそれは、山麓地域の自立的な百姓や村落が主体的に支えた寺院ではない。ところが十二世紀ごろからは、膝下の地域こそ真の経営主体である山寺が出現する(6)。現実には、百姓上層から寺僧を入れ、地域の経済力で寺院を支える。そして理念はその逆方向であらわれる。本尊のもとに寺僧らが結集し、その背後の百姓や村落の結合が、寺の年中行事などで確認されるのである。百姓身分の家や村の自立は、意思ある思想を見出してこそ実現し、維持される。和合《わごう》や僧伽《そうぎや》《サンガ》の理念を基礎にもつ仏教は、個別の小集団を超えた結集の支えとなりうる。山麓の谷戸《やと》に生活の拠点を築く中世民衆にとって、共同で用益する里山に寺院を設営することは、地域を作り、維持しようとする意思にもとづいていた。長明の庵は、寺というには質素であり、典型的な里山寺院とはいいにくい。日野山西麓の人々にとっての山寺は、別にあったのかもしれない。しかし、中世山寺の構造的な特徴が存在しなければ、ここに庵を営むことはできなかったであろう。

長明の新しい住み家は、里山の庵室である。災い多い平安京から、生きる資源のある里山へ。長明自身、養和の飢饉を叙述する中で、「国々の民、或いは地を棄てて境を出で、或いは家を忘れて山に住む」という状況を指摘している。もちろん、平安京が民衆に顧みられなくなったのではない。首都には住むに値する利権などもあったであろう。ただ下級貴族出身の長明の場合、平安京と対比しつつ、新しい民衆の住環境に価値を見出している。しかもそこには、生活と結びついて求められた仏教が根づきつつあるという、時代の新傾向が認められる。長明の「外山の庵」は、内乱後の平安京と対になる存在であって、生きる場についての価値観を反転させて映し出す鏡でもある。

新時代の平和宣言

平安京における中世仏教は、鎌倉時代以後に一層展開する。本書では、新しい時代の形成までをたどった。十二世紀に入って、慢性的な飢饉状況を生きる首都民衆は、内乱前までに、なお個別的ながら、新しい思想を獲得し始めていた。生死の不安に直面しつつ、生死の克服を課題とする仏教を媒介にして、生死の意味を主体的に問い始めたのである。被支配者民衆が、仏教を手がかりとしたことに、歴史上の新しさがある。

さらに、源平合戦や大飢饉などの災害を含む内乱時代に、平安京の住民はまさに生死を分ける苦しみを味わった。その経験は、歴史に何をもたらしたのであろうか。民衆の直接的な政治行動が短期に社会を変える時代ではない。しかし、列島全域が内乱体験を共有したことのほかに、平安京における民衆の歴史的経験が、新時代の政治とその理念に方向づけを余儀なくさせた部分がある。

十二世紀の末近く、すでに内乱は遠のきつつあり、鎌倉幕府は各国の守護を介した御家人編成を完成させようとしていた。建久八年（一一九七）十月十四日の午時《うまのとき》、源頼朝は、各国の守護を奉行として御家人や地元有力者を集め、有力な山寺で八万四千五輪宝塔の全国一斉供養を実施させた(7)。各国内の「大名」らに命じて、あらかじめ造立を分担させていたものである。その完成供養は、政治政策を仏教行事として実施することに意味がある。八万四千塔の造営は、白河上皇や後白河上皇も熱心に推進したが、もとはインドの阿育王が戦争で人々を殺戮した罪を悔いるための事業であった。東アジアの諸権力者は、それぞれの意図によってこの事業を模倣したが、戦後の平和を導く主体として自らを位置づけることが多い。建久八年に全国一斉に読み上げられた願文は、与えられた雛形を組み込んでおり、武家の棟梁による平和宣言だといえる。今日かろうじて、但馬国守護安達親長《あだちちかなが》の五輪宝塔造立供養願文の案文《あんもん》が伝えられている（進美寺《しんめいじ》文書、『兵庫県史』史料編・中世三）。進美寺なる山寺で読まれたものである。

願文には、保元の乱（一一五六年）以来の混乱を源頼朝が静め、世に「歓喜の笑い」を開いたと謳われている。しかし、次のような問題が残るという。

追罰《ついばつ》を行い刑罰を加えるの間、夭亡《ようぼう》の輩は数千万余、平家に駆られて北陸に赴く輩は露命を篠原の草下に消し、逆臣に語らわれて南海に渡る族は浮生を屋嶋の浪上に失う。かくの如き類は恨みを生前の衢《ちまた》に遺し、悲しみを冥途の旅に含むか。すべからく勝利を怨親に混ぜ、すべからく平等に抜済すべし。伝え聞く、怨みをもって悪に報いれば怨みは世々に断つことなし。徳をもって怨みに報いれば怨みを転じて親しみとなす。

ここで「夭亡の輩」とされているのは、戦時の死者一般というより、むしろ「追罰」「刑罰」の対象となった平家ら敵方を指している点に、大きな特徴がある。しかも、その軍隊に動員された兵士らのことを特筆しており、百姓ら民衆を鎮魂する意思が示されている。そして、内乱期の死亡者は、怨恨を現世に遺して悲しみ続け、今も救われていないという。そこで、必要なことは、戦勝で得られた平和（「勝利」）を敵と味方（「怨親」）で平等に分かち合い、みんなが救われることだという。後半の引用文は、阿育王伝説や『梵網経《ぼんもうきょう》』の思想によるもので、怨みの連鎖を断ち切る不偏不党の救済理念が示されている。

この平和宣言を額面通りに理解することはできない。全国統治を展望する政治理念が読み取られるべきであろう。しかし同時に、美辞麗句という以上の歴史的意味があることにも、注意が払われるべきだと思う。

この願文で呼びかけの対象となっているのは、御家人などの武士だけではない。飢饉時にも兵士などとして徴発されて死んだ、百姓らの遺恨を重視している。実際には、生き残った民衆の怨恨に耳を傾けよう、というのであろう。いわば民衆の御霊を感じ取っているのである。その怨恨は、首都平安京では、かつて御霊会の田楽で発散され、後には仏教信仰で超克が試みられていた。朝廷は、平安京で餓死者が大量発生する原因は武家にあるとし、各種の仏事で防衛をはかったが、都市民衆は次元の異なる普遍思想を仏教に求め始めていたのである。頼朝の意図をこめた願文では、ほかでもない仏教の平等救済思想を提示しており、客観的には平安京の民衆的願望に応える一面をもつ。

源頼朝像（甲斐善光寺所蔵）

同時に、民衆の怨恨は、列島の民衆に共有されている。民衆にとっての避難地帯は、「外山」「後山」であり、地域共同で主体的に支える里山の寺院が拠点となり始めていた。願文によると、頼朝が発起した八万四千塔供養は、「諸国霊験の地」で実施するのだという。但馬国では、有力な山寺たる進美寺で実施された。幕府祈禱寺たる山寺と諸地域の山寺との関係などは、解明すべき研究課題である。ここでは、山寺を拠点とする地域社会の新動向とそこでの民衆的願望が、鎌倉幕府の視野に入っていたことを感じ取っておきたい。

新時代の平和宣言には、仏教によって形を得た民衆の願望が基盤に据えられた。民衆の願望は、主体的、意志的であって、怨恨を克服して生の意味を問おうとする営みである。新しい権力は、その権力が新しいからこそ、そのような民衆的願望の組み込みを余儀なくされる。それは、平安京の民衆だけが獲得した思想だとはいえないが、首都民衆に固有の猖獗《しょうけつ》な集団的経験には、国家権力をめぐる政治闘争の主体を動かす力があった。ただ、それをまず感知したのが、京都の朝廷ではなく、鎌倉の幕府であったことに、なお曲折した課題の重さがあったことになる。十三世紀以後の歴史的展開を追う研究の重要性にも思い至る。しかしここでは、十二世紀末期の仏教的平和宣言の中に、平安京民衆による歴史の達成が含まれていることを確認しておきたい。

注

プロローグ

（1）林屋辰三郎『京都』（一九六二年、岩波書店）、同『町衆』（一九六四年、岩波書店）、同『古典文化の創造』（一九六四年、東京大学出版会）。

（2）京都市編『京都の歴史第一巻〜第一〇巻』（一九七〇〜七六年）。

（3）山田邦和『京都都市史の研究』（二〇〇〇年、吉川弘文館）も参照。

（4）京都市美術館展示図録『平安建都一二〇〇年記念　甦る平安京』（一九九四年、京都市）。

（5）戸田芳実「王朝都市論の問題点」（同『初期中世社会史の研究』一九九一年、東京大学出版会、初出一九七四年）、黒田紘一郎「京都の成立」（同『中世都市京都の研究』一九九六年、校倉書房、初出一九七八年）など。

（6）髙橋昌明「よごれの京都・御霊会・武士―続・酒呑童子説話の成立―」（『新しい歴史学のために』一九九、一九九〇年）、同責任編集『朝日百科日本の歴史別冊・歴史を読みなおす一一　洛中洛外―京は〝花の都〟か―』（一九九四年、朝日新聞社）、同『京都〈千年の都〉の歴史』（二〇一四年、岩波書店）。

（7）西山良平『都市平安京』（二〇〇四年、京都大学学術出版会）。

（8）勝田至『死者たちの中世』（二〇〇三年、吉川弘文館）。

（9）黒田俊雄『日本中世の国家と宗教』（一九七五年、岩波書店）。

（10）上川通夫『日本中世仏教と東アジア世界』（二〇一二年、塙書房）、同「十二世紀日本仏教の歴史的位置」（『歴史評論』七四六、二〇一二年）。

（11）石母田正『平家物語』（一九五七年、岩波書店）。

(12) 井上満郎「平安京の人口について」(『京都市歴史資料館紀要』一〇、一九九二年)。
(13) 前掲戸田芳実「王朝都市論の問題点」。
(14) 野口徹『中世京都の町屋』(一九八八年、東京大学出版会)、前掲西山良平『都市平安京』。
(15) 磯貝富士男『武家政権成立史―気候変動と歴史学―』(二〇一三年、吉川弘文館)。

I部第一章

(1) 『本朝文粋』所収。本書では、大曽根章介・金原理・後藤昭雄校注『新日本古典文学大系 本朝文粋』(一九九二年、岩波書店)により、訓読と注釈を参照した。池亭の位置について、『拾芥抄』巻中第二〇や『二中歴』第一〇は、六条坊門南、町尻東隅とする。平安京の条坊では左京六条三坊六町であり、その区画東北部の四分の一町にあたると想定されている。『平安京提要』(一九九六年、角川書店)二七六頁参照。内容については、『京都の歴史第一巻 平安の新京』(一九七〇年、京都市)第五章第三節など参照。
(2) 主に西尾實校注『日本古典文学大系 方丈記』(一九五七年、岩波書店)による。底本は鴨長明没年をあまり下らないと想定されている大福光寺本である。
(3) 戸田芳実「王朝都市論の問題点」(同『初期中世社会史の研究』一九九一年、東京大学出版会、初出一九七四年)。
(4) 以上、上川通夫「往生伝の成立」(同『日本中世仏教史料論』二〇〇八年、吉川弘文館)参照。
(5) 小原仁氏は、勧学会衆からの要請を受けて源為憲が書いたと想定されている。小原仁『文人貴族の系譜』(一九八七年、吉川弘文館)九六頁。
(6) 上川通夫「日本中世仏教の成立」(同『日本中世仏教と東アジア世界』二〇一二年、塙書房)。
(7) 東舘紹見「平安中期平安京における講会開催とその意義―応和三年の二つの経供養会を中心に―」(『佛教史学研究』四三―二、二〇〇一年)。

（8）速水侑「貴族社会と浄土教」（同『平安貴族社会と仏教』一九七五年、吉川弘文館）。
（9）平林盛得『慶滋保胤と浄土思想』（二〇〇一年、吉川弘文館）付篇二の翻刻。
（10）中林隆之「古代の宗教と鎮魂（追悼）」（『新しい歴史学のために』二六九、二〇〇八年）。
（11）勝田至『死者たちの中世』（二〇〇三年、吉川弘文館）。
（12）特に、安良岡康作『方丈記全訳注』（一九八〇年、講談社）、水野章二「中世の都市災害―『方丈記』に描かれた平安末期の京都―」（同『中世の人と自然の関係史』二〇〇九年、吉川弘文館）、髙橋昌明「養和の飢饉、元暦の地震と鴨長明」（同『洛中洛外　京は〝花の都〟か』二〇一五年、文理閣）に学んだ。
（13）神泉苑での雨乞い（『吉記』治承五年〈一一八一〉六月六日条）、祈雨の奉幣（同六月十日条）、神泉苑での孔雀経法（同六月十六日・二十二日両条）、など。
（14）西尾和美「室町中期京都における飢饉と民衆―応永二十八年及び寛正二年の飢饉を中心として―」（『日本史研究』二七五、一九八五年）。
（15）中野玄三氏による、教学書・歴史文献に分け入った美術史研究の中で、阿字観についての考察がある。中野玄三「山越阿弥陀図の仏教思想史的考察」（同『悔過の芸術』一九八二年、法蔵館）、同「明恵上人と鏡弥勒像」（同『日本仏教美術史研究』一九八四年、思文閣出版）、同『来迎図の美術』（一九八五年、同朋舎出版）、同『来迎図の美術 増補版』（二〇一三年、同朋舎メディアプラン）。
（16）京都市埋蔵文化財研究所編『改訂復刻版 つちの中の京都一』（二〇〇九年、ユニプラン）。
（17）関説されることは多いが、たとえば前掲髙橋昌明「養和の飢饉、元暦の地震と鴨長明」は「『方丈記』記述のディテールの正確さからいえば、誇張とは思えない」と述べる。なお、前掲水野章二「中世の都市災害」は、この段階の京都には飢民を吸収・救済する仕組みをもたず、地方民の避難所は地元の「山」などであったと論じており、これに従えば、餓死者は流入民ではなく平安京または近辺の住民である。

(18)『東寺長者補任』正治二年条によると、元久三年（一二〇六）に七十二歳で死去したとする。
(19)佐竹昭広・久保田淳校注『新日本古典文学大系　方丈記・徒然草』（一九八九年、岩波書店）脚注参照。
(20)久野修義「中世寺院と社会・国家」（同『日本中世の寺院と社会』一九九九年、塙書房）。
(21)佐竹昭広「方丈記管見」（前掲『新日本古典文学大系　方丈記・徒然草』）。
(22)西尾和美「飢疫の死者を数えるということ―中世京都を中心として―」（『日本史研究』三八八、一九九四年）。
(23)上川通夫「末法思想と中世の「日本国」」（同『日本中世仏教と東アジア世界』二〇一二年、塙書房）。
(24)阿部泰郎・福島金治・山崎誠編『守覚法親王と仁和寺御流の文献学的研究　資料篇金沢文庫蔵御流聖教』（二〇〇〇年、勉誠出版）三六四頁。
(25)前掲西尾和美「飢疫の死者を数えるということ」。

Ⅰ部第二章

(1)岸俊男「平城京と『山界四至図』」（同『日本古代宮都の研究』一九八八年、岩波書店）。
(2)吉川真司「仏堂としての大極殿」（上原真人他編『列島の古代史八　古代史の流れ』二〇〇六年、岩波書店）、山本崇「御斎会とその舗設―大極殿仏事考―」（『奈良文化財研究所紀要』三四―三七、二〇〇四年）、同「称徳朝の御斎会―宮の中枢空間・大極殿が仏堂へ一変―」（『週刊朝日百科　新発見！日本の歴史一二』二〇一三年、朝日新聞社）。
(3)堀裕「平安京と寺々―平安初期の構造と歴史―」（西山良平・鈴木久男編『古代の都三　恒久の都平安京』二〇一〇年、吉川弘文館）。
(4)鬼頭清明「国府・国庁と仏教」（『国立歴史民族博物館研究報告』二〇、一九八九年）。
(5)上原真人・梶川敏夫「古代山林寺研究と山科安祥寺」（上原真人編『皇太后の山寺』二〇〇七年、柳原出版）。

（6）久保智康「国府をめぐる山林寺院の展開」（『朝日百科日本の国宝別冊　国宝と歴史の旅三　神護寺薬師如来像の世界』一九九九年、朝日新聞社）、同「古代山林寺院の空間構成」（『古代』一一〇、二〇〇一年、早稲田大学考古学会）。
（7）戸田芳実「山野の貴族的領有と中世初期の村落」（同『日本領主制成立史の研究』一九六七年、岩波書店）。
（8）中野玄三『悔過の芸術』（一九八二年、法蔵館）。
（9）三上喜孝「古代の辺要国と四天王法」（『山形大学歴史・地理・人類学論集』五、二〇〇四年）。同六号に補論がある。
（10）家永三郎「藤原実資の御堂」（同『新訂版　上代仏教思想史研究』一九六六年、法蔵館）。
（11）京楽真帆子「平安京における寺院と出家」（同『平安京都市社会史の研究』二〇〇八年、塙書房）。
（12）太田静六『寝殿造の研究』（一九八七年、吉川弘文館）第二章第六節。
（13）中野聰「霊験仏としての大安寺釈迦如来像」（『佛教藝術』二四九、二〇〇〇年）。
（14）中野玄三「『因幡堂縁起』と因幡薬師」（同『日本仏教美術史研究』一九八四年、思文閣出版）。
（15）高橋康夫「北辺の地域変容―世尊寺を中心に―」（同『京都中世都市史研究』一九八三年、思文閣出版）。
（16）戸田芳実「王朝都市論の問題点」（同『初期中世社会史の研究』一九九一年、東京大学出版会）。
（17）戸田芳実「王朝都市論の問題点」「王朝都市と荘園体制」（前掲戸田芳実『初期中世社会史の研究』）。
（18）淺湫毅「道長時代の大仏師康尚」（『藤原道長』二〇〇七年、京都国立博物館）。
（19）奥健夫「生身仏像論」（『講座日本美術史第四巻　造形の場』二〇〇五年、東京大学出版会）。なお奥健夫「清凉寺釈迦如来像の受容について」（『鹿島美術研究年報』一三―別冊、一九九六年）、皿井舞「模刻の意味と機能―大安寺釈迦如来像を中心に―」（『京都大学文学部美学美術史学研究室研究紀要』二二、二〇〇一年）、長岡龍作「古代日本の「生身」観と造像」（『美術史学』二九、二〇〇八年、東北大学大学院文学研究科美術史学講座）参照。

(20) 前掲中野玄三「『因幡堂縁起』と因幡薬師」。

Ⅰ部第三章

(1) 井上光貞『新訂　日本浄土教成立史の研究』(一九七五年、山川出版社)。
(2) 上川通夫「奝然入宋の歴史的意義」(同『日本中世仏教形成史論』二〇〇七年、校倉書房)。
(3) 石井正敏「入宋巡礼僧」(荒野泰典・石井正敏・村井章介編『アジアのなかの日本史Ⅴ　自意識と相互理解』一九九三年、東京大学出版会)。
(4) 速水侑『源信』(一九八八年、吉川弘文館)、小原仁『源信』(二〇〇六年、ミネルヴァ書房)。
(5) 井上光貞「文献解題―成立と特色―」(『日本思想大系　往生伝・法華験記』一九七四年、岩波書店)。また平林盛得『慶滋保胤と浄土思想』(二〇〇一年、吉川弘文館) 参照。
(6) 以下、いちいちは注記しないが、『小右記』『権記』『日本紀略』などによっている。詳しくは、上川通夫「寂照入宋と摂関期仏教の転換」(同『日本中世仏教と東アジア世界』二〇一二年、塙書房) 参照。
(7) 杉山正明『中国の歴史八　疾駆する草原の征服者』(二〇〇五年、講談社)、毛利英介「澶淵の盟の歴史的背景―雲中の会盟から澶淵の盟へ―」(『史林』八九―三、二〇〇六年)、同「十一世紀後半における北宋の国際的地位について―宋麗通交再開と契丹の存在を手がかりに―」(『宋代史研究会研究報告集第九集　「宋代中国」の相対化』二〇〇九年、汲古書院)、古松崇志「契丹・宋間の澶淵体制における国境」(『史林』九〇―一、二〇〇七年)。
(8) 木村茂光『「国風文化」の時代』(青木書店、一九九七年)。

Ⅰ部第四章

(1) 『新日本古典文学大系　今昔物語集一～五』(一九九三～九九年、岩波書店) を用いた。引用に際してはカタカナをひらがなに改めた。

(2)『大日本国法華経験記』（長久年中、一〇四〇―四四年の成立）には、この話の出典があり、ほぼ同内容である。『日本思想大系　往生伝・法華験記』（一九七四年、岩波書店）によった。

(3) 寺内浩「伊予守藤原知章と静真・皇慶―『今昔物語集』巻一五―一五説話の基礎的研究―」（『人文学論叢』一一、二〇〇九年、愛媛大学人文学会）。

(4) 村井康彦『王朝風土記』（二〇〇〇年、角川書店）第三章。

(5) なお、『大日本国法華経験記』では巻中の第五七では、「当国の刺史恭敬して請じ奉りて本尊となせり」としている。『今昔物語集』巻第一七の第四二では「京に迎え奉て、本尊として恭敬し奉けり」と書いている。

(6) 河音能平『天神信仰の成立』（二〇〇三年、塙書房）。

(7) 北宋皇帝の側近たる楊億に関する史料で、日本僧成尋が写した部分が伝わる。藤善眞澄『参天台五臺山記の研究』（二〇〇六年、関西大学出版部）第五章第三節によった。

(8) 土田直鎮『日本の歴史五　王朝の貴族』（一九六五年、中央公論社）、村井章介「一〇一九年の女真海賊と高麗・日本」（同『日本中世の異文化接触』二〇一三年、岩波書店）参照。この事件と法成寺との関係については、上川通夫「摂関期の如法経と経塚」（『関西大学東西学術研究所紀要』四六、二〇一三年）で少し詳しく述べた。

(9) 池内宏「高麗に於ける東女真の海寇」（同『満鮮史研究　中世第二冊』一九三七年、吉川弘文館）。

(10) 石井正敏「成尋―一見するための百聞に努めた入宋僧―」（元木泰雄編『古代の人物六　王朝の変容と武者』二〇〇五年、清文堂）、前掲藤善眞澄『参天台五臺山記の研究』、森公章『成尋と参天台五臺山記の研究』（二〇一三年、吉川弘文館）。

(11) 橋本義彦「『渡宋記』―密航僧戒覚の日記―」（同『平安の宮廷と貴族』一九九六年、吉川弘文館）。

(12) 現存『渡宋記』を鎌倉時代に書写した慶政は、戒覚が播磨国飾西郡の実報寺や引摂寺に住んだことを書き加えている。事実であろうが、都の動きと切れていたわけではなかろう。
(13) 横内裕人「自己認識としての顕密体制と「東アジア」」(同『日本中世の仏教と東アジア』二〇〇八年、塙書房)。
(14) 承暦四年(一〇八〇)には、大宰大弐藤原経平と組んだ貿易に絡んで、宋商孫忠と利権を争っていることについて、原美和子「成尋の入宋と宋商人―入宋船孫忠説について―」(『古代文化』四四―一、一九九二年)参照。また、劉琨については、森公章「劉琨と陳詠―来日宋商人の様態―」「古代日麗関係の形成と展開」(前掲森公章『成尋と参天台五臺山記の研究』)。
(15) 山崎誠「東洋文庫蔵岩崎文庫本広橋家旧蔵佚名「古談抄」断簡」(同『中世学問史の基底と展開』一九九三年、和泉書院)。明範事件後、二〇年前後のころの聞き書きである。山崎誠氏による紹介と注解によった。
(16) 竺沙雅章『宋元佛教文化史研究』(二〇〇〇年、汲古書院)。
(17) 明範や藤原伊房らを処罰した主体を、白河上皇に求める説がある。保立道久「院政期の国際関係と東アジア仏教史」(同『歴史学をみつめ直す』二〇〇四年、校倉書房)、前掲森公章「古代日麗関係の形成と展開」。
(18) 榎本渉「北宋後期の入宋間交渉」(『アジア遊学六四　徽宗とその時代』二〇〇四年、勉誠出版)。
(19) 美川圭『院政の研究』(一九九六年、臨川書店)。
(20) 森由紀恵「平安末期における造仏と仏師」(『寧楽史苑』四一、一九九六年)。
(21) 奥健夫「誓光寺十一面観音像と像内納入品」(『仏教芸術』二九二、二〇〇七年)、同「一日造立仏の再検討」(『論集・東洋日本美術史と現場』二〇一二年、竹林舎)。

Ⅱ部第一章

(1) 史料はほとんどが『中右記』である。以下、それ以外の史料についてのみ出典を記す。
(2) 太田静六『寝殿造の研究』(一九八七年、吉川弘文館)第四章第九節。

（3）千僧御読経については、松尾剛次『鎌倉新仏教の成立』（一九八八年、吉川弘文館）、菅真城「院政期における仏事運営方法―千僧御読経を素材として―」（『史学研究』二一五、一九九七年）、遠藤基郎「天皇家王権仏事の運営形態」（同『中世王権と王朝儀礼』二〇〇八年、東京大学出版会）、森由紀恵「後白河院と法勝寺千僧御読経」（『古代学』四、二〇一二年）。

（4）『中右記』は、六字御読経の記述と同時に「六字ハ私房において始めらる」と書いている。私はこれを、二間観音供と別に、半ば非公式に別室で行なわれた（後期密教にもとづく）真言密教の六字経法がみえる初例だと解釈した（上川通夫「東密六字経法の成立」同『日本中世仏教史料論』二〇〇八年、吉川弘文館）。白河院に近侍する範俊を担当僧と想定してのことである。菊地大樹氏から、書評で、この解釈に無理があることをご指摘していただいた（『歴史学研究』八五五、二〇〇九年）。菊地氏は「私房」を天台僧良真の自房とみられた。里内裏（大炊殿）の住房を想定すべきかもしれない。なお、この時の造仏に「六字天王」が含まれることのほか、法橋範俊が権律師に急昇進しており（十二月二十八日）、「不次賞か」（『中右記』）、源信以来「希代」の異例と評されていることなど（『僧綱補任』）、気にかかる。同日、阿闍梨に任じられた者に明範がみえるが、不詳である。

（5）奥健夫「一日造立仏の再検討」（『論集・東洋日本美術史と現場』二〇一二年、竹林舎）。

（6）衣川仁『僧兵＝祈りと暴力の力』（二〇〇八年、講談社）第八章。

Ⅱ部第二章

（1）『三僧記類聚』引用の「高野御室御記」による記事。日蝕とは無関係の修法で、翌年六月まで、五〇五日間におよんだという。

（2）元木泰雄「院政期興福寺考」（同『院政期政治史研究』一九九六年、思文閣出版）、美川圭「寺社問題から見る院政の成立」（同『院政の研究』一九九六年、臨川書店）。

（3）『殿暦』永久四年（一一一六）七月二十六日条。

Ⅱ部第三章

（1）冨島義幸「京の百塔詣で」（『朝日百科日本の国宝別冊　国宝と歴史の旅八　塔』二〇〇〇年、朝日新聞社）。

（2）和歌関係では、天暦五年（九五一）に梨壺の五人の一人に選ばれたことでも知られる中級貴族、大中臣能宣（九二一—九九一）の『能宣集』に、「百寺の金鼓うち侍りとて」云々と述べることば書きがみえる。増田繁夫『能宣集注釈』（一九九五年、貴重本刊行会）三五〇番。

（3）川端善明・荒木浩校注『新日本古典文学大系　古事談・続古事談』（二〇〇五年、岩波書店）。

（4）林屋辰三郎「法勝寺の創建—院政文化の一考察—」（同『古典文化の創造』一九六四年、東京大学出版会）。

（5）『世界美術大全集東洋編五　五代・北宋・遼・西夏』（一九九八年、小学館）、『草原の王朝　契丹』（二〇一一年、九州国立博物館）、藤原崇人「契丹仏教に見える密教的要素—朝陽北塔の発現文物より—」（同『契丹仏教史の研究』二〇一五年、法蔵館）。

（6）竺沙雅章『宋元佛教文化史研究』（二〇〇〇年、汲古書院）。

（7）冨島義幸「寺院伽藍における両界曼荼羅空間の展開」（同『密教空間史論』二〇〇七年、法蔵館）、上島享「藤原道長と院政」（同『日本中世社会の形成と王権』二〇一〇年、名古屋大学出版会）。

（8）上川通夫「一切経と中世の仏教」（同『日本中世仏教史料論』二〇〇八年、吉川弘文館）。

（9）ただし藤原宗忠は白河院葬送の日に、ある人の談だとして院の仏教事業を列挙しており、その中に「小塔四十四万六千六百三十余基」と記している（『中右記』大治四年七月十五日条）。仮にこちらが正しいとすると、諸記録に出てくる小塔供養の数字の中には、累計が含まれていることになる。しかし個別に記された「供養」の数字を重視して、本文のように計算しておく。

(10) いずれも出土地不明。縦の寸法は、A七・二センチメートル(一八七頁・六一三)、B一〇・一センチメートル(同頁・六一二)、C五・三センチメートル(一八五頁・六〇五)、D九・七センチメートル(一八七頁・六〇九)。以上『京都大学所蔵古瓦図録Ⅱ(天沼俊一コレクション　日本篇)』(二〇〇七年、京都大学大学院文学研究科二一世紀COEプログラム「グローバル化時代の多元的人文学の拠点形成」事業実施委員会)による。Eは京都市埋蔵文化財研究所編『つちの中の京都三』(二〇〇六年、ユニプラン)による。

(11) 西田直二郎「法勝寺遺址」(同『京都史蹟の研究』一九六一年、吉川弘文館、初出『京都府史蹟勝地調査報告書』六、一九二五年)。

(12) 小森俊寛「円塔小考」(前掲京都市埋蔵文化財研究所編『つちの中の京都三』)。

(13) 遼寧省文物考古研究所・朝陽市北塔博物館編『朝陽北塔』(二〇〇七年、文物出版社)。

(14) 前掲西田直二郎「法勝寺遺址」。

(15) 阿部泰郎・福島金治・山崎誠編『守覚法親王と仁和寺御流の文献学的研究　資料篇金沢文庫蔵御流聖教』(二〇〇〇年、勉誠出版)三六四頁。なお、表の㉕大治三年(一一二八)九月二十八日の法勝寺一〇万八〇〇〇基小塔について、詳細な次第が『法則集』下に載せられている(『真福寺善本叢刊第二期一一　法儀表白集』二〇〇五年、臨川書店、五四八頁以下)。ほかにも、『十二巻本表白集(巻第四)』(前掲『法儀表白集』)や『言泉集』(永井義憲・清水宥聖編『安居院唱導集　上巻』一九七二年、角川書店)などに関係する文章がある。

(16) 『大正新脩大蔵経　図像第五巻』(底本は勧修寺本)。『勧修寺善本影印集成　覚禅鈔一三』(二〇〇三年、親王院堯榮文庫)で校訂した。

(17) 京都市東山区の六波羅蜜寺本堂の基壇下部の発掘調査によって、約八〇〇〇基の五輪泥塔がみつかっていて、鎌倉時代初期頃のものと推定されている。その内の木型で造られた約五〇〇〇基は、八・一センチメートルから九・二センチメートルで、近辺でよく得られる蛙目粘土だという。元興寺文化財仏教民俗資料研究所編『六波羅蜜寺民俗

資料緊急調査報告書』一、二（一九七一年、一九七二年）。
(18)『大正新脩大蔵経』本では「土塔紙」とするが、影印本によると「書塔紙」と読める。
(19) 奈良時代の百万塔陀羅尼小塔は、『無垢浄光陀羅尼経』にもとづいて造られた。源為憲著『三宝絵』（九八四年）下「石塔」には、『造塔延命功徳経』を引きつつ、京の官人らが川原で石積みの泥塔を造る例を挙げ、功徳があると説明している。永延二年（九八八）八月七日には、星の動きに不吉があったので、慈徳寺で「八万四千」の泥塔供養が行なわれており（『小右記』）、仏教行事としては初見のようである。寛仁二年（一〇一八）閏四月九日には、藤原資高らが行願寺で八万四千部法華経書写と八万四千堂塔造立を発願した（『小右記』）。長和二年（一〇一三）二月二十八日には、北野の聖が「画仏」と「画塔千基」を供養して注目された（『小右記』）。同じころの仁海著『敦造紙』には、「率都婆」一〇〇基ずつ作って一〇〇〇塔を満たす記述がある（『覚禅鈔』「造塔法」）。小塔の起源と展開については、研究課題が多い。木下密運「小塔」（『新版仏教考古学講座第三巻　塔・塔婆』一九七六年、雄山閣）。
(20)『覚禅鈔』「造塔法」には、ほかの巻のような「勤修先跡」（先例）の項目がない。一方で、寛信による大治二年（一一二七）の事例だけが引かれている。寛信は儀礼を作りつつ書類を残し、起点を据えたことになる。
(21) 造塔法の支度（必要道具類リスト）は、二十二日付で白河院側に提出されているから、白河院にはすでに陣定以前に判断していたのであろう。
(22) 前掲阿部泰郎他編『守覚法親王と仁和寺御流の文献学的研究　資料篇金沢文庫蔵御流聖教』三六四頁。
(23) 待賢門院は、大治二年九月二日と、大治四年閏七月二十日に出産しており、関連する安産祈願が多く実施された。
(24)『山槐記』治承三年二月十二日条、同二十三日〜二十五日条（関連して二十九日条）、治承四年三月七日条（藤原経宗の関連記事）、同二十一日〜二十三日条（藤原忠親の関連記事）。
(25) 先発した藤原経宗らは、塔に「一灯」を捧げ、「紙一帖」を貼ったという（『山槐記』治承三年二月十二日条）。

（26）版木による刷り物か、スタンプによる押印かはわからない。「塔ごとに写塔を押し摺り奉る」ともいわれている（『山槐記』治承四年三月二十一日条）。
（27）先に述べた『阿娑縛抄』所収の保元二年（一一五七）の五輪泥塔毎日一〇〇基造立の例や、Ⅲ部第一章で述べる内乱期の八万四千基五輪塔造立の例。

Ⅲ部第一章

（1）勧修寺善本影印集成として全一四巻が刊行されている（親王院堯榮文庫）。「転法輪法」一巻については、『覚禅鈔九』（二〇〇四年）に写本二種が収められているので、校訂に利用した。
（2）上川通夫「日本中世仏教の成立」（同『日本中世仏教と東アジア世界』二〇一二年、塙書房）。
（3）川合康「平家物語とその時代」（同編『歴史と古典 平家物語を読む』二〇〇九年、吉川弘文館）。
（4）横内裕人「密教修法からみた治承・寿永内乱と後白河院の王権―寿永二年法住寺殿転法輪法と蓮華王院百壇大威徳供をめぐって―」（同『日本中世の仏教と東アジア』二〇〇八年、塙書房）。
（5）山岸常人「秘儀と建築空間―壇所の基礎的考察―」（院政期文化研究会編『院政期文化論集四　宗教と表象』二〇〇四年、森話社）。
（6）宮田敬三「『覚禅鈔』「金剛夜叉法」と源平合戦」（中野玄三・加須屋誠・上川通夫編『方法としての仏教文化史』二〇一〇年、勉誠出版）。

Ⅲ部第二章

（1）上川通夫「往生伝の成立」（同『日本中世仏教史料論』二〇〇八年、吉川弘文館）。
（2）上川通夫「一切経と中世仏教」（前掲上川通夫『日本中世仏教史料論』）。

(3) 前者は、津田左右吉『文学に現はれたる我が国民思想の研究』(一九七七年、岩波書店、初出一九一六年)、後者は、黒田俊雄『日本中世の国家と宗教』(一九七五年、岩波書店)。
(4) なお、羌世昌は長徳二年(九九六)閏七月に入京している。当時としては違例である。この件を含めて、貴族の日記には外国人のことをあまり詳しく書こうとしない態度があるようで、注意が必要である。上川通夫「北宋・遼の成立と日本」(『岩波講座日本歴史第五巻　古代五』二〇一五年、岩波書店)参照。
(5) 榎本渉「北宋後期の日宋間交渉」(『アジア遊学六四　徽宗とその時代』二〇〇四年、勉誠出版)。
(6) 西山良平「平安京の動物誌」(同『都市平安京』二〇〇四年、京都大学学術出版会)。
(7) 『京都の歴史第一巻　平安の新京』(一九七〇年、京都市)第四章第四節。
(8) 『北野天満自在天神宮創建山城国葛野郡上林郷縁起』『天慶九年三月二日酉時天満天神御託宣記』『北野寺僧最鎮記文』(いずれも『神道大系神社編　北野』所収)。
(9) 瀬田勝哉「中世の祇園御霊会—大政所御旅所と馬上役制—」(同『増補　洛中洛外の群像』二〇〇九年、平凡社)。
(10) 戸田芳実「中世文化形成の前提」(同『日本領主制成立史の研究』一九六七年、岩波書店)、同「十—十三世紀の農業労働と村落」(同『初期中世社会史の研究』一九九一年、東京大学出版会)、河音能平「王土思想と神仏習合」(同『天神信仰の成立』二〇〇三年、塙書房)。
(11) 戸田芳実「荘園体制確立期の宗教的民衆運動」(前掲戸田芳実『初期中世社会史の研究』)。
(12) 上川通夫「奝然入宋の歴史的意義」(同『日本中世仏教形成史論』二〇〇七年、校倉書房)。なおこの日、奝然一行と三輿は、大内裏の正面から東側を半周して、京域北西方に近接する蓮台寺に納まった。
(13) 『新日本古典文学大系　古事談・続古事談』(二〇〇五年、岩波書店)参照。
(14) ただし『続古事談』の記述は、永承七年(一〇五二)の花園御霊会との混同があるかと指摘されている。前掲『日本思想大系　古事談・続古事談』の注。

（15）戸田芳実「王朝都市論の問題点」「荘園体制確立期の宗教的民衆運動」（前掲戸田芳実『初期中世社会史の研究』）。
（16）同前注。以下、永長の大田楽については、戸田芳実氏の研究を参照した。
（17）前掲戸田芳実「荘園体制確立期の宗教的民衆運動」。
（18）同前注。
（19）黒田俊雄「鎮魂の系譜」（『黒田俊雄著作集第三巻』一九九五年、法蔵館）。
（20）磯貝富士男『武家政権成立史―気候変動と歴史学―』（二〇一三年、吉川弘文館）。
（21）日本の律令に含まれる僧尼令には、「指膚を焚き剝ぐ」ことなどを禁止する焚身捨身条がある。養老元年（七一七）四月二十一日には、行基らがこれに違犯したとして糾弾されている（『続日本紀』）。長徳元年（九九五）九月十五日には、六波羅密寺住僧覚信が焼身し、花山法皇や公卿らが出向いて拝んだという（『日本紀略』）。これらについては、民衆自身による行為だとは考えられない。
（22）『顕広王記』には、あわせて二四人と記すなど、人数記載が計算に合わない不正確さがあるが、本文のように解釈した。

エピローグ

（1）宮田敬三「『覚禅鈔』「金剛夜叉法」と源平合戦」（中野玄三・加須屋誠・上川通夫編『方法としての仏教文化史』二〇一〇年、勉誠出版）。同論文は、元暦元年（一一八四）八月初旬ごろに、後白河院が源平両勢力を調伏しようとした例をも解明している。
（2）五味文彦『大仏再建』（一九九五年、講談社）、久野修義「東大寺大仏の再建と公武権力」（同『日本中世の寺院と社会』一九九九年、塙書房）、上横手雅敬「東大寺復興と政治的背景」（同『権力と仏教の政治史』二〇〇九年、法蔵館）。

(3) 河音能平「中世成立期の農民問題」(同『中世封建制成立史論』一九七一年、東京大学出版会)、黒田日出男「中世民衆の皮膚感覚と恐怖」(同『境界の中世　象徴の中世』一九八六年、東京大学出版会)、平雅行「中世仏教の成立と展開」(同『日本中世の社会と仏教』一九九二年、塙書房)。
(4) 安良岡康作『方丈記全注釈』(一九八〇年、講談社)一四九頁。
(5) 水野章二「近江国河上荘の湖岸と後山」(同編『琵琶湖と人の環境史』二〇一一年、岩田書院)、同「古代・中世における山野利用の展開」(湯本貴和編『里と林の環境史』二〇一一年、文一総合出版)。
(6) 上川通夫「中世山林寺院の成立」(同『日本中世仏教と東アジア世界』二〇一二年、塙書房)、同「中世山寺の基本構造—三河・尾張の例から—」(『愛知県立大学日本文化学部論集(歴史文化学科編)』六、二〇一五年)。
(7) 大山喬平「鎌倉幕府の西国御家人編成」(『歴史公論』五—三、一九七九年)。

あとがき

平安京といえば、遷都した平安時代初期や、「国風文化」が展開した十世紀ごろが想像されがちである。しかし本書では、十世紀後半から十二世紀を対象とした。中世仏教といえば、法然や親鸞たちを祖とする鎌倉新仏教が思い浮かべられやすい。しかし本書では、院政期に中世仏教の成立を見出す学術研究に依拠している。このような意味では、題名と内容の一致が了解されるためには、本文を読んでいただかなければならないことになるのかもしれない。私が意図したのは、民衆をも包摂した中世仏教は、権力事業に導かれて社会的要求に先行して成立したこと、その政治的欺瞞を克服する意志的な普遍思想としての民衆仏教は、法然らインテリゲンチャの活躍以前に芽生えていたこと、この点の確認である。平安京はそのような歴史の舞台である。

これまで書いた論文を見直し、新たに考えたことを加えながら、テーマを限定して一書となるよう執筆した。特にⅢ部第二章とエピローグは、今の私が抱いている関心の強い部分であり、不充分だが、ここに収斂するよう構想したことになる。平安京に焦点を絞ったのは初めてである。しかしこれまで公表した論文でも、歴史の舞台は平安京であったことが多いので、私としてはそれほど違和感なく考えることができた。

執筆のご依頼をいただいた二〇〇七年からの年月を思うと、努力不足も甚だしいことを痛感する。この間、それなりに独自の研究課題が、遅まきながらもようやく自らの内に見出されてきたように思われてきた。同時にそのことは、変遷する自身の考えに形を与える期間を必要とした。作業の入口で右往左往することしきり。結局、職場に訪れた研究外の多忙さがモタモタしている私に執筆を促した、というのが偽らざる事情である。

執筆の経緯についての私的事情とは別に、一書として検討、批判されることを願っている。諸先学の著作を読むにつけ、学術作法に堅く立脚しつつ、構想力と提起力に溢れる概説的な歴史評論がいかに重要か、痛感することしばしばである。いくつかの著書を仰ぎ見ているが、なお遠い存在であって、到底詳しく記すことができない。ただ、本書の執筆を契機に、真理を探究しようとする学問への尊敬を深め、人間存在の本質的理由を見出そうという、ヒューマンな人文学の一つとしての歴史学に、一層進みたいと考えている。歴史の中に生きた多くの人々への漠然とした追憶や、戦乱や飢饉で命を縮めた人々への痛痒感のない客観叙述では、明々白々たる戦争犠牲者の存在さえ否定し、戦々恐々たる弱者の生活不安さえ無視するような恣意的歴史認識に対して、それらをはるかに凌駕する力の発揮は覚束ないのではなかろうか。苦難の中にも普遍的な真理や正義を求め、その社会的実現を将来に託す、そういう役割を果たした先人たちを歴史の中に見出し、今日から将来への希望につなげたいと思う。また、そのような歴史研究の範を示された先学を仰ぎ、その意思を継ぐ一員に加わりたいと思う。

本書の刊行にあたって、吉川弘文館の一寸木紀夫さんには、実に長くお世話になった。ご在職中に刊行できなかったことを申し訳なく思う。受けついでいただいた大熊啓太さんには、丁寧に仕上げていただいた。あわせてお礼申し上げる。

なお、本研究にはＪＳＰＳ科研費二二五二〇六八二・二六三七〇七六九の助成を受けた。

二〇一五年七月三十日

上川通夫

著者略歴
一九六〇年、大阪市に生まれる
一九八四年、立命館大学文学部史学科卒業
一九八九年、立命館大学大学院文学研究科博士後期課程修了
現在、愛知県立大学日本文化学部教授、博士（文学）

〔主要編著書〕
『日本中世仏教形成史論』（二〇〇七年、校倉書房）
『日本中世仏教史料論』（二〇〇八年、吉川弘文館）
『方法としての仏教文化史』（共編、二〇一〇年、勉誠出版）
『日本中世仏教と東アジア世界』（二〇一二年、塙書房）
『国境の歴史文化』（編、二〇一二年、清文堂出版）

平安京と中世仏教
王朝権力と都市民衆

二〇一五年（平成二十七）十月一日　第一刷発行

著者　上《かみ》川《かわ》通《みち》夫《お》
発行者　吉川道郎
発行所　株式会社　吉川弘文館
郵便番号一一三―〇〇三三
東京都文京区本郷七丁目二番八号
電話〇三―三八一三―九一五一〈代表〉
振替口座〇〇一〇〇―五―二四四
http://www.yoshikawa-k.co.jp/
印刷＝藤原印刷株式会社
製本＝株式会社　ブックアート
装幀＝清水良洋・渡邉雄哉

ISBN978-4-642-08283-9

日本中世仏教史料論

上川通夫著

Ａ５判・三三六頁／九五〇〇円

日本中世は仏教の時代といわれるが、なぜ仏教だったのか。あえて仏教が選択されたのはなぜなのか。聖教と呼ばれる宗教関係の文献、東寺文書、一切経、往生伝、東密六字経法、如意宝珠法など、日本中世仏教の形成に関わる史料と仏事を分析。東アジア地域の動向と対外交流のなかで、政治世界に連動して国家宗教として成立した日本中世仏教の形成史を探る。

（価格は税別）

吉川弘文館